AF464592

NAPOLÉON

À SAINTE-HÉLÈNE.

PARIS. — IMPRIMERIE DE RIGNOUX,
RUE DES FRANCS-BOURGEOIS S.-MICHEL, N° 8.

NAPOLÉON
A SAINTE-HÉLÈNE.

OPINION D'UN MÉDECIN

SUR LA MALADIE DE L'EMPEREUR NAPOLÉON

ET SUR LA CAUSE DE SA MORT;

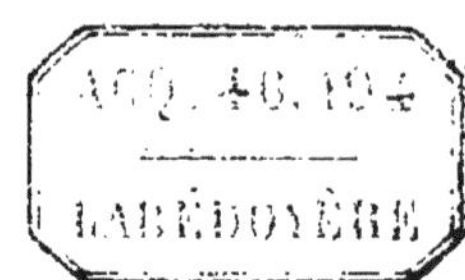

OFFERTE A SON FILS

AU JOUR DE SA MAJORITÉ,

PAR J. HÉREAU,

ANCIEN CHIRURGIEN ORDINAIRE DE MADAME MÈRE,

ET PREMIER CHIRURGIEN

DE L'IMPÉRATRICE MARIE-LOUISE.

« Je meurs prématurément, assassiné par l'oligarchie anglaise et son sicaire. »

TESTAMENT DE NAPOLÉON.

PARIS.

F. LOUIS, LIBRAIRE, RUE DU PAON, N° 2;

STRASBOURG ET LONDRES. — TREUTTEL ET WÜRTZ;

BRUXELLES. — LIBRAIRIE PARISIENNE,

RUE DE LA MADELEINE, N° 438.

M DCCC XXIX.

A MONSIEUR DUBOIS,

ACCOUCHEUR

DE SA MAJESTÉ IMPÉRIALE ET ROYALE

L'IMPÉRATRICE MARIE-LOUISE.

MON CHER MAITRE,

L'Empereur, se sentant mourir, oublia un moment ses souffrances, et se montrant, dans cet instant encore, supérieur à la plupart des hommes, il ordonna que des recherches fussent faites sur son corps, et que le résultat en fût transmis à son fils, afin de l'éclairer sur la maladie à laquelle, dans son opinion, il croyait succomber. Ce vœu, je viens l'accomplir : il convenait à celui qui dès sa jeunesse se vit accueilli dans cette famille illustre, et qui fut du petit nombre de ceux à qui il fut permis d'accompagner le jeune prince et sa mère hors de la patrie, de remplir cette triste mission.

En faisant hommage de mon travail à celui qui conserva la vie du fils de Napoléon (*), je m'associe aux sentimens de reconnaissance qu'il a voués à cette généreuse famille.

Prémunir ce jeune prince contre les craintes légitimes qu'il pourrait concevoir pour lui-même sur la maladie dont s'est cru atteint son père, et lui épargner les précautions minutieuses auxquelles on serait tenté de l'assujétir pour l'en préserver; tel est mon but : heureux si je l'ai atteint, et si vous, mon respectable maître, vous retrouvez dans cet opuscule les germes de cette instruction solide que votre affectueuse sollicitude pour vos disciples leur rendait si précieuse et si facile!

J. HÉREAU.

Paris, novembre 1828.

(*) Personne n'ignore que c'est au sang-froid et à l'habileté de ce savant professeur que l'Impératrice et son fils doivent de n'avoir pas perdu la vie dans le pénible accouchement qui donna naissance au roi de Rome.

AU FILS

DE NAPOLÉON.

PRINCE,

L'Empereur votre père, avant de mourir, exigea que des recherches fussent faites sur son corps, pour y découvrir les traces de la maladie à laquelle il sentait qu'il allait succomber. « Je veux au moins, dit-il, en préserver mon fils. »

Cette triste mission, dont un autre fut chargé, je vais essayer de la remplir. Heureux si j'atteins le but que je me propose, et si je puis vous préserver des soins et des inquiétudes qui doivent accompagner une vie que l'on croit toujours menacée !

J. HÉREAU.

Mars 1827.

AVANT-PROPOS.

La mort inopinée de l'Empereur Napoléon a été un si grand événement pour notre époque, que l'attention générale sera long-temps encore fixée sur les circonstances qui l'ont occasionée.

Déjà près de huit années se sont écoulées depuis la fin prématurée de ce grand homme, et malgré les efforts de plusieurs écrivains (*) qui ont tenté de faire connaître les causes qui l'ont préparée, l'opinion à ce sujet est restée indécise.

Aujourd'hui que la mort a aussi enlevé quelques uns de ceux qui furent le plus intéressés à sa perte, et que le mépris environne ceux qui tentèrent de l'obtenir par des moyens ténébreux, nous espérons que, dans l'intérêt du jeune prince, dont la santé nous a été pendant quelque temps confiée, dans celui de la vérité, et dans l'espoir de jeter quelques lumières sur ce grand épisode de l'histoire de notre siècle, il nous sera permis de discuter librement quelques unes des opinions qui prévalurent, et de faire connaître la nôtre.

La position que nous avons occupée dans la famille de l'Empereur, les nombreuses relations d'amitié que nous avons toujours entretenues avec plusieurs des médecins et des généraux qui, en tous temps et en tous lieux, ont accompagné sa personne, et plus particulièrement avec celui qui l'a le plus

---

(*) Las-Cases, *Mémorial de Sainte-Hélène.* Barry; E. O'Meara, *Napoléon dans l'exil.* Antommarchi, *Mémoires.*

approchée à Sainte-Hélène, et qui a été le plus honoré de sa confiance, nous ont mis à même de connaître les moindres circonstances de sa vie privée, et nous ont procuré les moyens d'éclaircir bien des doutes, de rectifier bien des erreurs, et de connaître bien des circonstances ignorées jusqu'à ce jour.

Dans cet examen critique, nous avons dû dire toute notre pensée; la nature du sujet et son but le commandaient impérieusement. S'il est quelqu'un dont l'amour-propre s'en trouve blessé, qu'il considère notre position et les motifs qui nous ont guidé : bien loin d'avoir eu en vue l'injure, l'offense, ou même la moindre personnalité, nous déclarons à ceux des médecins dont nous avons été conduit à attaquer les doctrines, que nous croyons nous honorer en nous associant aux généreux sentimens qu'ils professent pour la mémoire de l'illustre et infortuné captif dont ils ont essayé de soulager les misères.

Au mois de mars de l'année dernière, nous avons espéré qu'il nous serait permis de faire hommage de cet opuscule au jeune prince pour lequel il a été composé. Des raisons indépendantes de notre volonté ne l'ayant pas permis, nous nous décidons aujourd'hui, pour atteindre le but que nous nous sommes proposé, à rendre notre opinion publique. En la livrant à la libre discussion des médecins, en appelant sur elle toute leur attention, nous faisons revivre une question déjà bien des fois débattue entre les Français et les étrangers, question plutôt épuisée aujourd'hui que résolue, et sur laquelle une nouvelle discussion et surtout de nouveaux faits ne peuvent manquer de répandre de vives lumières, dont la science et le public profiteront également.

OPINION D'UN MÉDECIN

SUR LA MALADIE

DE L'EMPEREUR NAPOLEON,

ET SUR LA CAUSE DE SA MORT.

CHAPITRE I.

L'Empereur est-il mort empoisonné ?

Ce fut le 11 juillet 1821 que parvint à Paris la nouvelle de la mort de l'Empereur. Aux clameurs de ces bandes de crieurs lancées dans les rues pour annoncer un événement si inattendu, le public répondit par les bruits les plus sinistres. Le gouverneur sir Hudson-Lowe, disait-on, s'étant permis, dans un accès d'emportement avec l'Empereur, un geste menaçant, il en était résulté, entre les personnes présentes, une rixe dans laquelle l'Empereur avait été assassiné. On disait aussi que ce geôlier, sous le prétexte d'une promenade, l'ayant conduit sur le bord d'un des abîmes de l'île, l'y avait précipité ; ou bien, que l'Empereur ayant, par mégarde, franchi les limites étroites imposées à ses promenades, avait été fusillé par une sentinelle. Ailleurs, et successivement, passant en revue tous les genres de morts violentes sous lesquelles ont succombé tant de grands personnages dans les temps de barbarie, on disait que, comme Édouard II, il avait trouvé dans Read et Hudson d'autres Gournay et Mautravers; ou que, comme Jean, il avait été étouffé sous ses matelas; ou, comme Paul, étranglé dans sa chambre.

Le voile mystérieux dont fut couvert pendant cinq ans le rocher de Sainte-Hélène, le silence imposé (1) sur tout ce qui avait trait au mauvais état de santé de l'illustre captif qui devait y mourir; l'espèce d'affectation que mettaient les organes du ministère anglais à répéter que l'Empereur était très bien, qu'il jouissait d'une santé parfaite (2); enfin les étranges détails qu'on donna de sa maladie, en même temps que ceux de sa mort (3), tout sembla concourir à faire prendre une si horrible idée de la fin prématurée et inattendue de ce grand homme.

Malgré la vigilance intéressée du ministère anglais et des autres gouvernemens solidaires de l'infamie qui s'est consommée à huis clos, à deux mille lieues de nous, sur la personne de l'Empereur, sa famille et ses amis n'ignorèrent pas les soupçons trop bien fondés qu'il avait conçus lui-même sur le but auquel tendaient ses ennemis, depuis qu'il était en leur pouvoir. Il faut convenir que la manière dont on s'était saisi de sa personne, le choix que l'on avait fait du lieu de sa déportation, celui du site où il fut établi, et plus encore, peut-être, celui de l'homme commis à sa garde, étaient plus que suffisans pour faire croire à des desseins funestes.

Parmi les divers genres de mort dont on racontait les moindres détails, les derniers heureusement n'étant plus dans nos mœurs (*), un seul sembla d'abord fixer plus particulièrement l'attention générale, à cause des circonstances singulièrement frappantes et vraisemblables qui vinrent fortifier les soupçons de poison (**). Aussi l'opinion de l'empoisonnement est-elle celle qui a survécu à toutes les autres; elle fut long-temps admise à Paris, elle règne encore

---

(*) A d'autres époques, il est vrai, des tentatives avaient été dirigées contre la vie de ce grand homme; mais il est assez connu maintenant qu'elles furent toujours conçues et conduites par les mêmes hommes qui, au dix-neuvième siècle, se croient encore permis les crimes dont l'histoire des temps passés est restée souillée.

(**) Cette présomption de l'empoisonnement, que nous partageâmes dans les premiers momens avec d'autres personnes, nous fut suggérée par une de celles qui avaient suivi l'Empereur à Sainte-Hélène, mais qui avaient quitté ce séjour avant l'événement. Ce fut sur ses propres soupçons et d'après les détails qu'elle nous communiqua, à son retour de Londres, que nous conçûmes l'idée de faire les recherches sur le résultat desquelles est appuyée l'opinion que nous publions aujourd'hui.

dans les départemens. Et si, depuis le retour de ceux des amis de l'Empereur qui furent assez heureux pour partager sa captivité, cette opinion s'est fort affaiblie, il faut l'attribuer à la libre et fréquente communication de ceux-ci avec leur famille et leurs amis, et aux détails qu'ils s'empressèrent toujours de donner sur la fin du héros de cette grande infortune.

Bien des gens croient encore qu'il n'a été permis à ces derniers de rentrer en France qu'à la condition, sous serment, de ne rien dévoiler de l'horrible mystère qu'on s'obstine à supposer dans ce malheureux événement ; mais l'opinion générale est que l'Empereur a succombé à un cancer de l'estomac, maladie qui, dit-on, est héréditaire dans sa famille.

Nous allons examiner successivement chacune de ces opinions, ce qui nous amènera tout naturellement à faire connaître les motifs sur lesquels est fondée la nôtre.

Quoique nous n'attachions aucune importance aux premiers cris de l'opinion qui accréditèrent le meurtre supposé de l'Empereur, nous devons cependant dire que ces récits n'étaient pas seulement des bruits populaires, mais qu'ils étaient répandus et admis par les personnes instruites et appartenant aux classes distinguées de la société. Ils ont long-temps fait l'objet des conversations les plus animées, et l'indignation générale qu'ils ont soulevée n'a pas peu contribué à la manifestation vive et spontanée de la douleur que la France a ressentie à la nouvelle de la perte qu'elle venait de faire.

Nous nous attacherons davantage à la discussion des faits sur lesquels s'appuient ceux qui croient encore à l'empoisonnement. Parmi eux, et c'est le plus petit nombre, ceux qui apprirent que l'Empereur avait presque toujours été souffrant et malade depuis le jour de sa déportation, crurent qu'il avait succombé à l'action d'un poison lent. Les progrès modernes obtenus dans les sciences de l'anatomie et de la physiologie font reléguer parmi les fables atroces des temps de la maréchale d'Ancre et de la marquise de Brinvilliers, ces filtres, ces essences dont une parcelle suffisait, disait-on, pour miner longuement la vie, au point de faire croire à une mort naturelle. On sait aujourd'hui qu'il n'y a de poisons lents que ceux dont l'action serait tous les jours répétée, et qui finirait alors par occasioner des désordres plus ou moins apparens dans les organes nécessaires à l'entretien de la vie. Mais cette dernière supposition n'a pu se soutenir lorsqu'on a connu la manière dont étaient réglées la maison et la table de l'Empereur. Nous avons appris de l'un des généraux, compagnons de son exil, que lorsque, d'après des indices très équivoques, on conçut des craintes sur des projets odieux, des mesures de sûreté furent prises aussitôt autour de l'Empereur, et à son insu (4), par les personnes qui lui étaient attachées.

Ce que nous venons de dire des précautions employées pour garantir l'Empereur de l'introduction frauduleuse de substances vénéneuses dans ses alimens, répond à l'idée qu'on pouvait avoir qu'il avait été empoisonné par surprise et avec des matières qui auraient occasioné sa mort instantanément.

Quant au soupçon d'empoisonnement avec violence et par des matières corrosives, cette question commande une attention particulière, et nous devrons la traiter avec plus d'étendue.

Dans le cours de cet écrit, nous verrons que le ministère anglais avait calculé l'époque de la mort de l'Empereur. Les probabilités de la durée de sa vie, dans les conditions où il avait été placé, n'allaient pas au delà de quatre à cinq années : la force de sa constitution, qui l'a fait lutter pendant six ans contre toutes les causes de destruction sur lesquelles on avait compté, aurait fait, disait-on, recourir à un auxiliaire plus prompt, afin de se décharger tout d'un coup d'une responsabilité qui commençait à peser à celui sur la tête duquel elle reposait. L'Empereur aurait donc été empoisonné au moyen d'un breuvage corrosif qu'on l'aurait forcé de prendre.

Cette opinion, d'abord généralement admise, fut accréditée par les contradictions frappantes contenues dans les étranges procès verbaux que l'on dressa de l'ouverture du corps, et qui furent publiés d'une manière si maladroite et si peu faite pour satisfaire les médecins, seuls juges dans ces matières. On ne fut d'abord frappé que d'une chose à la lecture de ces procès verbaux, c'est qu'il y était question d'*ulcération et de perforation de l'estomac*, *de matières noires*, *semblables à du marc de café*, contenues dans cet organe. En fallait-il davantage au public pour faire croire à l'empoisonnement (*)? Cette idée, déjà fortifiée par le refus qu'avait fait le méde-

(*) Le temps n'est pas encore loin de nous où, même en matière criminelle, ces érosions, ces perforations spontanées de l'estomac et cet enduit de substances noirâtres qui les accompagnent ordinairement, étaient au moins regardés comme de fortes présomptions d'empoisonnement, lorsqu'ils n'étaient pas admis comme preuves suffisantes.

cin particulier de l'Empereur de signer le procès verbal rédigé par les médecins anglais, le fut encore davantage par le dissentiment que renfermait celui qu'il rédigea de son côté. Malgré l'isolement dans lequel on avait essayé de placer l'Empereur, en renvoyant successivement, et sous de vains prétextes, une grande partie de ceux qui s'étaient associés à sa mauvaise fortune, il restait encore trop de cœurs généreux autour de lui, pour qu'il fût facile de parvenir à ce but criminel par la violence.

Au soupçon qu'il se soit empoisonné volontairement lui-même pour se soustraire au système d'avilissement qu'on suivait à son égard, nous opposerons sa propre opinion contre le suicide, tant de fois manifestée par lui-même dans ces derniers temps, où il lui a fallu toute la force d'âme dont il était doué pour ne pas succomber à la tentation de se soustraire aux mauvais traitemens auxquels il était en butte (*).

(*) Voici un ancien document que nous trouvons reproduit dans le *Mémorial*, et qui nous paraît précieux dans la circonstance relatée : c'est un ordre du jour du premier Consul à sa garde, contre le suicide.

Ordre du 22 floréal an X.

« Le grenadier Gobain s'est suicidé par amour : c'était

A cette occasion nous mentionnerons la prétendue tentative de Fontainebleau, peu avant l'abdication de 1814; nous en extrairons le récit de la *Collection des pièces authentiques*, *etc.*

« Fontainebleau est maintenant une prison; toutes les issues en sont soigneusement gardées par les étrangers; signer (l'abdication) semble être le seul moyen qui lui reste pour sauver sa liberté, peut-être même sa vie! car les émissaires du gouvernement provisoire sont aussi dans les environs, et l'attendent. Cependant la journée finit, et Napoléon a persisté dans son refus; comment espère-t-il échapper à la nécessité qui le menace?

« Depuis quelques jours il semble préoccupé d'un secret dessein. Son esprit ne s'anime qu'en parcourant les galeries funèbres de l'histoire.

« d'ailleurs un très bon sujet. C'est le second événement de « cette nature qui arrive au corps depuis un mois.

« Le premier Consul ordonne qu'il soit mis à l'ordre de la « garde :

« Qu'un soldat doit savoir vaincre la douleur et la mélan- « colie des passions; qu'il y a autant de vrai courage à souf- « frir avec constance les peines de l'âme qu'à rester fixe sur « la muraille d'une batterie.

« S'abandonner au chagrin sans résister, se tuer pour s'y « soustraire, c'est abandonner le champ de bataille avant « d'avoir vaincu. »

Le sujet de ses conversations les plus intimes est toujours la mort volontaire que les hommes de l'antiquité n'hésitaient pas à se donner dans une situation pareille à la sienne; on l'entend avec inquiétude discuter de sang-froid, à cette occasion, les opinions les plus opposées. Une circonstance vient encore ajouter aux craintes que de tels discours sont bien faits pour inspirer. L'Impératrice avait quitté Blois; elle voulait se réunir à Napoléon ; elle était déjà arrivée à Orléans, on l'attendait à Fontainebleau : mais on apprend de la bouche même de Napoléon que des ordres sont donnés autour d'elle pour qu'on ne la laisse pas suivre son dessein. Napoléon, qui craignait cette entrevue, a voulu rester maître de la résolution qu'il médite.

« Dans la nuit du 12 au 13, le silence des longs corridors du palais est tout à coup troublé par des allées et des venues fréquentes. Les garçons du château montent et descendent; les bougies de l'appartement intérieur s'allument; les valets de chambre sont debout. On vient frapper à la porte du docteur Yvan, on va réveiller le grand maréchal Bertrand, on appelle le duc de Vicence, on court chercher le duc de Bassano, qui demeure à la chancellerie; tous arrivent et sont introduits successivement dans la chambre à coucher. En vain la curiosité prête une oreille inquiète, elle ne peut entendre que des gémissemens et des sanglots qui s'échappent de l'antichambre, et se prolongent sous la galerie voisine. Tout à coup le docteur Yvan sort; il descend précipitamment dans la cour, y trouve un cheval attaché aux grilles, monte dessus et s'éloigne au galop. L'obscurité la plus profonde a couvert de ses voiles le mystère de cette nuit. Voici ce qu'on en raconte :

« A l'époque de la retraite de Moscou, Napoléon s'était procuré, en cas d'accident, le moyen de ne pas tomber vivant dans les mains de l'ennemi. Il s'était fait remettre par son chirurgien Yvan un sachet d'opium (*), qu'il avait porté à son cou pendant tout le temps qu'avait duré le danger (**). Depuis, il avait conservé avec grand soin ce sachet dans un secret de son nécessaire. Cette nuit, le moment lui avait paru arrivé de recourir à cette dernière ressource : le valet de chambre qui couchait derrière sa porte entr'ouverte, l'avait entendu se lever, l'avait vu dé-

(*) Ce n'était pas seulement de l'opium, c'était une préparation indiquée par Cabanis, la même dont Condorcet s'est servi pour se donner la mort.

(**) Frédéric-le-Grand, entouré d'ennemis, apprenant la prise de Berlin, porta long-temps du poison sur lui.

layer quelque chose dans un verre d'eau, boire et se recoucher. Bientôt les douleurs avaient arraché à Napoléon l'aveu de sa fin prochaine. C'était alors qu'il avait fait appeler ses serviteurs les plus intimes. Yvan avait été appelé aussi; mais, apprenant ce qui venait de se passer, et entendant Napoléon se plaindre de ce que l'action du poison n'était pas assez prompte, il avait perdu la tête, et s'était sauvé précipitamment de Fontainebleau. On ajoute qu'un long assoupissement était survenu, qu'après une sueur abondante les douleurs avaient cessé, et que les symptômes effrayans avaient fini par s'effacer, soit que la dose se fût trouvée insuffisante, soit que le temps en eût amorti le venin. On dit enfin que Napoléon, étonné de vivre, avait réfléchi quelques instans : « Dieu ne le veut pas! » s'était-il écrié; et, s'abandonnant à la Providence, qui venait de conserver sa vie, il s'était résigné à de nouvelles destinées.

« Ce qui vient de se passer est le secret de l'intérieur. Quoi qu'il en soit, dans la matinée du 13, Napoléon se lève et s'habille comme à l'ordinaire. Son refus de ratifier le traité a cessé, il le revêt de sa signature. »

Il est bien présumable que le sujet de ce morceau à effet dramatique a été fourni par une des personnes qui avaient un grand intérêt à donner un motif de leur étrange conduite à cette malheureuse époque. Nous nous serions dispensé de rapporter la circonstance sur laquelle cette narration s'appuie, si nous n'étions informé que ceux qui y ajoutent foi, ou feignent d'y croire, s'en servent comme d'un argument en faveur de l'opinion qu'on a essayé d'accréditer, en disant que c'était aux suites de cette tentative qu'il fallait attribuer la maladie dont on a prétendu, plus tard, que l'Empereur était mort. Cette dernière opinion nous oblige à révéler aujourd'hui une circonstance qui, devant quelque jour entrer dans le domaine de l'histoire, pourrait être alors commentée au profit de l'assertion que nous nous efforçons ici de combattre. Voici le fait, tel qu'il nous a été confié par la seule personne qui l'ait su, et dont le caractère estimable ne permet pas de soupçonner la véracité. Le 29 juillet 1815, avant de quitter la Malmaison, l'Empereur remit à M. *** un petit flacon long, plat, uni, et soigneusement bouché, contenant environ deux cuillerées d'une liqueur jaunâtre, très limpide. Il lui ordonna de le placer dans quelque partie de ses vêtemens d'un usage journalier, et qu'il pût facilement atteindre. Après l'avoir placé dans un petit sachet en peau, celui-ci l'attacha sous la pate qui boucle la bretelle du côté gauche.

Les choses restèrent dans cet état jusqu'aux premiers jours du mois d'août. Le 2 ou le 3 de ce mois, dans la matinée, l'Empereur, étant encore à bord du *Bellérophon*, et connaissant la résolution prise par le ministère anglais de le faire conduire à Sainte-Hélène, prévoyant dès lors, sans doute, le sort qui l'y attendait, parut avoir pris la résolution de s'y soustraire.

Après avoir médité pendant quelque temps, en se promenant d'un air calme, il écrivit, rangea quelques papiers, mit ordre à quelques affaires, et disposa de quelques effets précieux. Il ordonna ensuite à M*** de tout fermer chez lui, et de ne laisser entrer qui que ce fût. Une demi-heure après environ, celui-ci étant rentré à la voix de l'Empereur, le trouva sur son lit, et remarqua sur un petit meuble auprès de lui un verre rempli d'une liqueur jaunâtre, comme pourrait être de l'eau et du vin d'Espagne. L'Empereur, toujours avec un air fort calme, lui donna ordre d'introduire le comte B***. A la suite de l'entretien qu'il eut avec ce dernier, l'Empereur se leva et s'habilla. Le verre, toujours plein, dont nous avons parlé, était resté à la même place ; le lendemain ce verre avait disparu, et avec lui le petit flacon dont il a été fait mention, et qui ne reparut plus.

Dès lors sa résolution est prise; et, quelque affreux que puisse être l'avenir qu'on lui prépare, il boira la coupe jusqu'à la lie (*).

La première de ces tentatives n'ayant point

(*) « L'Empereur m'a fait venir ce soir pour causer, rapporte M. le comte de Las-Cases dans son *Mémorial*, à la date du 3 août. A la suite de beaucoup d'objets divers il s'est arrêté sur Sainte-Hélène, me demandant ce que ce pouvait être, s'il serait possible d'y supporter la vie, etc. etc. « Mais, m'a-« t-il dit, après tout, est-il bien sûr que j'y aille? Un homme « est-il donc dépendant de son semblable, quand il veut « cesser de l'être? » Nous nous promenions dans sa chambre; il était calme, mais affecté, et en quelque façon distrait. « Mon cher, continua-t-il, j'ai parfois l'envie de vous « quitter, et cela n'est pas bien difficile; il ne s'agit que de « se monter un tant soit peu la tête, et je vous aurai bien-« tôt échappé; tout sera fini, et vous irez rejoindre tran-« quillement vos familles. D'autant plus, ajouta-t-il, que « mes principes ne me gênent nullement; je suis de ceux « qui croient que les peines de l'autre monde n'ont été ima-« ginées que comme complément aux attraits insuffisans « qu'on nous y présente. Dieu ne saurait avoir voulu un tel « contre-poids à sa bonté infinie, surtout pour des actes tels « que celui-ci. Et qu'est-ce, après tout? vouloir lui revenir « un peu plus vite. »

« Je me récriai sur de pareilles pensées. Le poëte, le philosophe avait dit que c'était un spectacle digne des dieux que de voir l'homme aux prises avec l'infortune : les revers eu lieu, et la seconde ayant à peine eu un commencement d'exécution (*), on ne peut, dès lors, leur imputer ni la maladie ni la mort de l'Empereur.

---

et la constance avaient aussi leur gloire : un aussi noble et aussi grand caractère ne pouvait pas s'abaisser au niveau des ames les plus vulgaires ; celui qui nous avait gouvernés avec tant de gloire, qui avait fait et l'admiration et les destinées du monde, ne pouvait finir comme un joueur au désespoir ou un amant trompé. « Quelques unes de ces paroles ont « leur intérêt, disait l'Empereur ; mais que pourrions-nous « faire dans ce lieu perdu ? — Sire, nous y vivrons du passé ; « il y a de quoi nous satisfaire. Ne jouissons-nous pas de la « vie de César, de celle d'Alexandre ? Nous possédons mieux : « vous vous relirez, Sire. — Eh bien ! dit-il, nous écrirons « nos *Mémoires*. Oui, il faudra travailler : le travail aussi « est la faux du temps. Après tout, on doit remplir ses des- « tinées ; c'est aussi ma grande doctrine : eh bien ! que les « miennes s'accomplissent ! »

Il est permis de croire que la résolution de l'Empereur était prise avant cette conversation avec M. de Las-Cases ; mais elle coïncide parfaitement avec la circonstance que nous venons de citer, et dont nous ne croyons pas qu'il ait eu connaissance.

(*) Aucune altération dans la santé de l'Empereur n'ayant eu lieu à cette époque, on ne peut conserver de doute à cet égard.

CHAPITRE II.

La maladie que l'on a indiquée comme cause de la mort de l'Empereur est-elle héréditaire dans sa famille?

Parmi les documens plus ou moins officiels venus à notre connaissance, et au moyen desquels différens cabinets essayèrent de repousser la responsabilité du grand événement sur l'obscurité duquel nous essayons de jeter quelque lumière, se trouve émise une opinion qui domine toutes les autres, c'est l'hérédité, dans la famille de l'Empereur, de la maladie dont on prétend qu'il est mort (5).

Nous ne nous engagerons pas ici dans la discussion très complexe de l'hérédité ou de la nonhérédité des maladies qui peuvent se transmettre des parens aux enfans. Disons seulement qu'il nous paraît impossible de ne pas admettre que la même loi qui préside à la transmission de la ressemblance du physique et du caractère moral du père ou de la mère à leurs enfans ne prédispose pas aussi ces derniers aux maladies dont les premiers ont été affligés, surtout s'ils vivent soumis aux mêmes influences de température, de régime ou de profession.

On chercherait vainement, même en remontant très haut dans la famille de l'Empereur, un autre exemple d'affection cancéreuse que celle dont on prétend que son père est mort. Et d'abord, nous dirons que rien n'est moins certain que ce soit à ce genre de maladie qu'ait succombé en effet le père de l'Empereur; on sait assez aujourd'hui quels peuvent être les résultats de la manière dont on traitait alors les prétendues faiblesses de l'estomac, et le peu de soin qu'on mettait aux recherches nécroscopiques, quand elles n'étaient pas d'un grand intérêt. Et d'ailleurs il est de notoriété dans la famille de l'Empereur, et parmi ceux qui ont connu son père, qu'ils n'avaient entre eux aucun trait de ressemblance (*), tandis qu'on sait assez qu'il est rare de rencontrer un homme ayant autant de traits extérieurs de sa mère, et de participer davantage

(*) Si nous en croyons ce qui nous en a été rapporté et les portraits que nous avons vus de lui dans sa famille, et qu'on dit fort ressemblans, nous pouvons affirmer que l'extérieur du père différait en tout de celui du fils : le premier était grand, et celui-ci était petit; l'un avait le teint coloré, l'Empereur a toujours été très blanc et pâle.

aux grandes et excellentes qualités morales dont elle s'est montrée douée. Madame mère a atteint sa soixante-dix-huitième année, et, malgré les inquiétudes et les grandes douleurs qui ont si souvent et si cruellement troublé le cours d'une longue vie, elle jouit encore d'une santé parfaite et de l'intégrité de toutes ses facultés.

Les autres membres vivans de cette famille illustrée par la gloire de l'un des siens, et aujourd'hui encore environnée et consolée par les respects et l'attachement de tous ceux qui ont été assez heureux pour lui appartenir, ne laissent rien apercevoir dans leur santé qui puisse faire soupçonner ou craindre une maladie de la nature de celle dont nous nous occupons (*).

La naissance de l'Empereur eut cela de particulier qu'elle ne causa à sa mère presqu'au-

---

(*) Le prince *Joseph*, frère aîné de Napoléon, âgé de 60 ans. Ses enfans, auxquels nous avons eu dans le temps occasion de donner des soins, jouissent tous, ainsi que lui, d'une santé parfaite.

Le prince *Louis*, second frère de Napoléon, âgé de 50 ans. L'état maladif habituel de ce prince, qui nous a fait appeler pour lui donner des soins en 1813, n'a aucun rapport avec la maladie qui fait l'objet de nos recherches. Longtemps nous avons eu sous les yeux le détail très-circonstancié de ses infirmités tracé par lui-même, ainsi que la

cune des douleurs et des incommodités qui accompagnent ordinairement l'enfantement. Son enfance et sa première jeunesse furent exemptes des maladies si communes aux premiers temps de la vie, et son adolescence fut toujours garantie des inclinations et des excès auxquels la jeunesse de cette époque était si fort abandonnée. Sa santé, pendant toute sa jeunesse, a soutenu, sans altération, les épreuves les plus fortes. Passant tour à tour, et sans efforts, de l'inaction absolue, et des études les plus abs-

---

volumineuse collection des mémoires et consultations des médecins les plus renommés de tous les pays de l'Europe, qu'il avait consultés, particulièrement des Anglais et des Allemands. La longue énumération des recettes, spécifiques et drogues diverses qui lui ont été prescrits, formerait à elle seule un *codex* passablement complet.

Les enfans de ce prince sont bien constitués.

Le prince *Jérôme*, le plus jeune des frères de l'Empereur, âgé de 44 ans, est bien portant.

La princesse *Élisa*, l'aînée des sœurs de l'Empereur, et la princesse *Pauline*, sa seconde sœur, sont mortes toutes deux des suites de maladies entièrement étrangères à celle dont ce grand homme a été victime.

La princesse *Caroline*, la plus jeune des sœurs de l'Empereur, âgée de 46 ans, jouit d'une bonne santé, ainsi que ses enfans.

traites, aux mouvemens des courses les plus rapides, à l'agitation des camps; endurant mieux que personne les incommodités des bivouacs, sous l'influence des saisons et des climats les plus opposés, jamais il ne prit aucun soin de sa santé, ne s'assujétit à aucun régime. Il vivait des alimens les plus simples, et toujours de ceux dont font usage les habitans des pays dans lesquels il se trouvait; différant en cela de plusieurs de ses propres capitaines, auxquels, dans le fond de la Russie, il fallait des vins d'Espagne, et des glaces dans les sables de l'Égypte.

La nécessité dans laquelle on s'était placé de trouver une cause à la mort de l'Empereur, autre que celle qui l'a produite, et de laquelle on désirait sans doute détourner l'attention, a fait rechercher si, dans le cours de sa vie, il n'aurait pas éprouvé quelque maladie qui eût trait ou se rattachât à celle qu'on se montrait aussi soigneux d'indiquer qu'on paraissait peu désireux des investigations sur sa véritable cause. La santé de l'Empereur n'ayant jamais été interrompue sérieusement par aucune maladie, il a bien fallu se contenter de ces légères incommodités dont il est presque impossible de se garantir dans la carrière des armes. On s'est plu à raconter qu'au siége de Toulon, l'Empereur étant occupé à suivre le jeu d'une batterie qu'il venait de faire établir, un des canonniers qui chargeait une pièce, et qui avait la gale, étant tombé mort à ses pieds, il saisit l'écouvillon, et continua la manœuvre de la pièce pendant quelques instans, et qu'il contracta par suite la maladie qu'avait ce soldat : un traitement peu régulier suffit cependant pour le guérir; c'est ce que les médecins d'alors et ce que son dernier chirurgien qualifient encore aujourd'hui de *gale rentrée*.

On a encore rapporté, et il est en effet à notre connaissance, qu'en Égypte l'Empereur contracta une affection dartreuse, comme le plus grand nombre de ceux qui y étaient avec lui. Cette maladie, qui est endémique dans ce pays, fut palliée par l'usage fréquent des bains de vapeurs. Elle reparut en Italie, où elle est encore si commune.

Dans la campagne de Wagram, pendant le séjour qu'il fit à Schœnbrunn, passant de longues et fréquentes revues, il endura souvent le froid et la pluie. Ce fut alors que disparut cette éruption habituelle, et que se manifesta la fièvre, des douleurs à la tête, de la toux, de l'insomnie, et tous les symptômes accessoires qui surviennent ordinairement à la suite de la disparition d'un exanthème ancien.

Le docteur Frank, qui fut alors consulté, et de qui je tiens ces détails, crut l'Empereur menacé d'une affection cérébrale, et en conçut une vive inquiétude. M. Corvisart fut mandé, et j'ai appris, de lui-même, qu'à son arrivée il trouva l'Empereur occupé de ses travaux ordinaires : il convient que, s'il conseilla l'application d'un vésicatoire, ce fut bien plutôt par excès de précaution que par nécessité, et seulement parce qu'il ne pouvait pas rester près de l'Empereur.

De temps en temps cette incommodité, qui ne fut jamais qu'assoupie, reparaissait sous l'influence de conditions favorables. A Sainte-Hélène elle s'est réveillée plus forte que jamais. Son siége était à la partie externe des cuisses.

On a essayé de tirer parti de la prétendue gale rentrée et de cette légère dartre locale; mais aucun indice de son transport sur l'organe qui fut le siége de la maladie dont il est mort ne se trouve nulle part.

La seule infirmité qu'on ait connue à l'Empereur est une difficulté d'uriner dont il commença à souffrir dès avant la campagne de Russie. Les douleurs qu'elle lui fit endurer à cette malheureuse époque furent quelquefois assez vives pour troubler son sommeil, lui occasioner de la fièvre et l'obliger d'interrompre son travail, que les circonstances impérieuses du moment le forçaient à reprendre trop tôt pour les soins qu'il devait à sa santé. Souvent on l'a vu s'appuyer la tête contre le mur ou l'arbre près lequel il satisfaisait au besoin, toujours avec peine, effort et lenteur. Il avait coutume de dire alors : « C'est là ma partie faible! c'est par là que je périrai. » Dès ce moment on put prévoir que ses jours seraient abrégés par cette douloureuse maladie à laquelle, au même âge (52 ans), succomba Pierre-le-Grand.

CHAPITRE III.

L'influence du climat a-t-elle suffi pour occasioner la maladie de l'empereur?

Sans remonter plus haut qu'au retour de l'île d'Elbe, nous voyons l'Empereur, dans le cours d'une seule année, passer par les épreuves les plus grandes que jamais homme ait subies, sans éprouver la moindre altération dans son moral ou dans son physique. Après le manque de foi inouï qui le met au pouvoir de ses ennemis, nous le voyons encore, à bord du *Northumberland*, supporter, mieux que la plupart de ceux qui l'accompagnent, les désagrémens et les incommodités inséparables d'une aussi longue traversée.

Rendu à sa destination, rien n'y était prêt pour le recevoir (6); il se confine aux Briars, misérable cabane à quelques milles de Jame's-town. Là, séparé de la plupart des siens, et manquant souvent des objets les plus nécessaires à la vie, il ne sort plus, et se livre avec une résignation admirable à un travail assidu. Pendant près de cinq mois que dura un genre de vie si différent de celui auquel il était accoutumé, sa santé n'en souffrit aucune atteinte; souvent même on l'a vu, d'une humeur enjouée, se mêler aux jeux de l'intéressante famille de son hôte.

La seule distraction qu'il accorde au soin de sa santé est la promenade sous les beaux ombrages de cette petite habitation, dont le site pittoresque jouit, bien qu'à une hauteur considérable, d'une température assez douce, étant abrité par les immenses montagnes qui le dominent.

On n'aperçoit encore aucun changement dans son régime. Il peut manger indistinctement de tout ce qui lui est servi, sans manifester ni dégoût ni préférence pour aucune espèce d'alimens, soit qu'ils consistent en productions du pays, soit qu'ils proviennent des approvisionnemens venus de l'Europe, quoique la différence soit souvent très grande entre eux. Il boit aussi peu de vin que de coutume : le vin de l'ordinaire est celui qu'il préfère. Il prend cependant de temps en temps un verre de vin d'entremets ou de Champagne ; l'usage du café, même du punch léger, mais toujours en petite quantité, paraît lui être agréable, et il n'en est jamais incommodé. Enfin, grâce à cette facilité qu'il avait de se ployer aux habitudes des pays dans lesquels il se trouvait, il subissait là doucement, sans effort, sans secousse, les changemens inévitables et nécessaires de l'acclimatement à cette latitude.

Cette vie monotone et de privation, mais que la résignation de l'Empereur, et l'on pourrait presque dire son indifférence pour les commodités de la vie, savait lui rendre supportable, ne fut pas de longue durée. Dans les premiers jours de décembre 1815, il est transféré à *Longwood* (7), misérable habitation, qui lui avait été préparée à la hâte, sur un plateau au sommet des immenses rochers dont cette île affreuse est formée. L'aspect en est sombre et monotone; point de verdure : la nudité du roc n'est interrompue que par quelques arbres à gomme, dont le tronc et le branchage rachitiques sont tous inclinés par le vent violent qui règne et détruit tout à cette hauteur. Cependant des camps sont établis dans ce désert, de nombreuses sentinelles ceignent l'assemblage de quelques baraques en bois, dont les toits enduits de goudron dégouttent encore, et exhalent au loin une odeur détestable. Le silence de cette triste solitude n'est interrompu que par le choc des armes et le bruit des marteaux des nombreux ouvriers qui encombrent tout encore. L'Empereur promène des regards mélancoliques sur les objets qui l'environnent, et, s'adressant au médecin anglais qui l'accompagnait : « Voilà, lui dit-il, « la générosité de votre pays ! voilà la libéralité « de vos compatriotes envers l'homme malheu-« reux qui, comptant aveuglément sur ce qu'il « imaginait être leur caractère national, se livra « à eux sans défiance dans une heure funeste ! »

En pénétrant dans l'intérieur de ces basses et étroites demeures, il est suffoqué par l'odeur des peintures, et il remarque avec étonnement leur humidité à une si grande élévation. La distribution intérieure de ces cahuttes, leur ameublement, tout est à l'avenant. C'est l'image d'une honteuse parcimonie, voisine de la misère. Ceux qui accompagnent l'Empereur s'en indignent, et s'occupent avec sollicitude des moyens de remédier à l'insalubrité et à l'incommodité d'une si chétive habitation.

« Napoléon avait une chambre à coucher petite et étroite, au rez-de-chaussée, un cabinet d'étude de la même dimension, et une espèce de petite antichambre, où l'on plaça une baignoire. Le cabinet donnait dans une pièce basse et obscure, qui fut convertie en salle à manger. L'aile opposée du bâtiment consistait en une chambre à coucher plus grande que celle de Napoléon, une antichambre et un cabinet : ce fut le logement de la famille Montholon. Une porte conduisait de la salle à manger dans un salon d'environ quatre mètres cinq décimètres sur trois mètres soixante-quinze centimètres. A la suite de cette pièce, sir George Cockburn en avait fait construire une autre en bois, plus longue, beaucoup plus élevée et plus aérée, ayant trois fenêtres de chaque côté et un treillage qui conduisait au jardin. Ce salon, quoiqu'il eût l'inconvénient de devenir d'une chaleur insupportable vers le soir, lorsque le soleil, lançant ses feux avec toute l'ardeur du tropique, pénétrait de ses rayons le bois même dont il était formé, était la seule pièce commode de tout l'édifice. Le comte Las-Cases avait, près de la cuisine, une chambre qui avait été occupée auparavant par les domestiques du colonel Skelton. Par une ouverture pratiquée dans le plafond, un escalier très-étroit conduisait à une espèce de grenier où couchait son fils. Les greniers du vieux bâtiment avaient été planchéiés et convertis en chambres pour Marchand, Cipriani, Saint-Denis, Joséphine, etc. L'inclinaison du toit rendait impossible de se tenir debout dans les greniers, si ce n'est au milieu; et le soleil, dont les rayons pénétraient la toiture, l'échauffait quelquefois d'une manière insupportable.

« La chambre à coucher de l'Empereur avait environ trois mètres cinq décimètres de longueur sur trois mètres de largeur, et deux mètres cinquante ou soixante-quinze centimètres de hauteur. Les murs étaient tendus de nankin brun, bordé de papier vert commun. Deux petites fenêtres sans poulies, dont la partie inférieure de l'une se levait et se retenait par un morceau de bois dentelé, donnaient sur le camp du 53e. Des rideaux de fenêtre de calicot blanc, une petite cheminée avec une méchante grille, une pelle, un fourgon et des pincettes de la même qualité, un manteau de cheminée des plus mesquins en bois peint en blanc, sur lequel était un petit buste en marbre de son fils. Au-dessus de la cheminée était suspendu le portrait de Marie-Louise, ainsi que quatre ou cinq autres du jeune Napoléon, dont l'un brodé par sa mère. Un peu plus à droite pendait aussi un portrait de l'Impératrice Joséphine, en miniature; à gauche le réveille-matin du grand Frédéric, que Napoléon avait eu à Postdam. La montre portant le chiffre B, dont il se servait étant consul, attachée à un cordon de cheveux de Marie-Louise, était suspendue à droite à une épingle piquée dans le nankin. Le plancher était couvert d'un tapis de rencontre qui avait autrefois décoré la salle à manger d'un lieutenant de l'artillerie de Sainte-Hélène. Dans le coin à droite se voyait le petit lit de camp de fer tout uni, à rideaux de soie verte, sur lequel son possesseur avait reposé dans les champs de Marengo et d'Austerlitz. Entre les deux croisées, une mauvaise commode de hasard. Une vieille bibliothèque avec des rideaux verts était à gauche de la porte qui conduisait à la chambre voisine. Quatre ou cinq chaises à fond de cane, peintes en vert, paraissaient çà et là. Devant la porte de derrière, un paravent couvert de nankin; entre ce paravent et la cheminée, un vieux sofa recouvert de calicot blanc... Au pied du sofa était suspendu un portrait de l'impératrice Marie-Louise tenant son fils dans ses bras... De toute l'ancienne magnificence du naguère puissant empereur des Français, il ne restait rien à mes yeux qu'un superbe lave-main, avec un bassin d'argent et une aiguière du même métal; ce meuble était dans l'encoignure à gauche.

« Une garde, commandée par un officier subalterne, était placée à l'entrée de Longwood, à environ six cents pas de la maison, outre un cordon de sentinelles et de piquets autour des limites. A neuf heures du soir, les sentinelles étaient concentrées, mises en communication les unes avec les autres, et postées de telle manière autour de la maison, que personne ne pouvait y entrer ou en sortir, sans être vu et examiné de près par elles. Deux factionnaires se tenaient à l'entrée de la maison, et des patrouilles se croisaient sans cesse. Après neuf heures Napoléon n'était plus libre de sortir de la maison, à moins qu'il ne fût accompagné d'un officier supérieur; enfin, personne ne pouvait entrer sans avoir le mot d'ordre. Cet état de choses durait jusqu'au lendemain matin. Tous les endroits par où l'on débarquait dans l'île, tous ceux même qui n'en offraient que la possibilité, étaient garnis de piquets; et des sentinelles étaient placées sur les sentiers les plus escarpés qui conduisaient à la mer, bien que les obstacles présentés par la nature sur presque tous les points, dans cette direction, eussent été insurmontables pour un homme aussi peu agile que Napoléon. »

(O'Méara.)

Pendant quelques jours l'Empereur essaya de continuer le genre de vie retiré auquel il s'était soumis pendant son séjour aux Briars : car, charmé de la douceur du climat et de la beauté du site de cette première habitation, il n'en sortit qu'une seule fois pour visiter la maison du major Hodson, dans son voisinage ; mais il passait une grande partie du jour sous les beaux arbres dont cette campagne est environnée, à méditer ou à dicter à l'un de ses compagnons d'exil. Mais ici, n'ayant pas cette ressource, et étant très-incommodé par l'odeur suffocante de la peinture, qu'il redoutait extrêmement, et par le bruit importun des ouvriers, il voulut essayer quelques promenades autour de sa nouvelle demeure. « On avait donné à Napoléon un espace d'environ douze milles de circonférence, où il pouvait aller à cheval ou se promener à pied, sans être accompagné d'un officier anglais. Dans cet espace se trouvait le camp du 53e à Deadwood, à environ un mille de L[illegible]gwood ; il y en avait un autre à Hut's gate, vis-à-vis la demeure de Bertrand, près de la porte duquel était un poste d'officier. » De sorte que, comme il le remarquait lui-même, de quelque côté qu'il portât ses pas quand il cherchait, après le travail, les agrémens d'une promenade, il ne voyait autour de lui que rocs pelés et précipices, et ses yeux n'étaient frappés que par l'aspect des soldats, ses gardiens, et par leurs camps. Cette triste uniformité des environs, le manque d'ombrage et les bourrasques continuelles de pluie et de vent qui troublaient presque chaque fois des promenades si nécessaires à sa santé, les rendirent tous les jours et plus courtes et plus rares. Son travail habituel n'y gagna pas toujours, car sa santé commença à souffrir de ces brusques alternatives de vents froids, de pluies par torrent, de brouillards humides ou de coups de soleil intolérables. La singulière situation de cette habitation était si malheureusement choisie, qu'on y éprouvait dans toutes les saisons, et souvent plusieurs fois dans la même journée, tous les inconvéniens de l'insalubrité des plus profondes vallées et la tourmente des vents continuels des sommets les plus élevés.

L'influence de l'habitation se fait déjà sentir; plusieurs des personnes qui entourent l'Empereur en sont incommodées; lui-même, dont la santé fut toujours si constante, la voit s'ébranler. Ce n'est plus pour lui que des alternatives de douleurs à la tête, de rhumes, de fluxions; ses dents, si saines, si belles, se gâtent, il en souffre presque continuellement, et il se voit obligé d'en faire arracher successivement plusieurs. Lui, dont l'esprit et le corps étaient infatigables, se sent de l'apathie; il éprouve de la lassitude. Déjà l'on remarque autour de lui qu'il prend l'habitude de se frotter avec la main le côté droit, en se plaignant d'y éprouver *de la pâleur*, expression au moyen de laquelle il désignait cette gêne, cet embarras, ce froid qui ne sont pas encore de la douleur, mais qu'éprouvent habituellement les Européens sous les tropiques lorsqu'ils sont menacés des maladies chroniques des viscères du bas-ventre, endémiques à cette latitude. Son médecin lui conseille de prendre l'air, de faire plus d'exercice. « Quel exercice peut-on prendre, répond-« il, dans cette île exécrable où l'on ne peut « faire un mille sans être trempé? une île dont « les Anglais, accoutumés à l'humidité, se « plaignent eux-mêmes! une île maudite, dans « laquelle on ne voit ni soleil ni lune pendant « la plus grande partie de l'année! Toujours « de la pluie et du brouillard! C'est pire que « Capri! Je hais ce Longwood, sa vue seule me « donne de la mélancolie! » Il regrette le séjour des Briars, dont l'aspect pittoresque, la température douce et uniforme, rendaient supportable la triste vie qu'il était forcé d'y mener.

Dans une communication faite par lord Keith, au nom des ministres anglais, on trouve ce passage d'une affectation singulièrement remarquable pour une pièce de ce genre : « L'île de « Sainte-Hélène a été choisie pour sa future « résidence ; *son climat est sain* (8), et sa « situation locale permettra qu'on l'y traite « (l'Empereur) avec plus d'indulgence qu'on « ne le pourrait faire ailleurs, vu les précautions « indispensables qu'on serait obligé d'employer « pour s'assurer de sa personne (9). »

Dans le chapitre suivant, nous verrons comment on a entendu cette extrême indulgence en faveur de laquelle l'Empereur fut déporté sous un climat meurtrier, à deux mille lieues de l'Europe, et à plus de cinq cents lieues de toute terre habitée. Quant aux précautions indispensables pour s'assurer de sa personne, n'est-il pas évident qu'elles rentrent dans l'affreux système des pontons, et de l'abandon de milliers de prisonniers dans l'île de Cabréra; système atroce, inconnu aux peuples les plus barbares, et au moyen duquel s'est engloutie sourdement une armée tout entière, à la honte éternelle de la nation anglaise?

Le climat de Sainte-Hélène est sain, ont toujours répété les organes du ministère anglais, feignant d'ignorer combien peu était comparable le désolé plateau de Longwood aux autres points habités de l'île; c'est comme si l'on voulait comparer les délicieuses vallées situées sur les versans méridionaux des Alpes ou des Pyrénées, aux roches glacées qui les dominent (*).

A son arrivée à Sainte-Hélène, l'Empereur avait été frappé de l'air de souffrance maladive, de la pâleur des habitans de Jame's-town; la lanteur de tous leurs mouvemens, la nonchalance, l'apathie et la nullité morale qui règnent sur leur physionomie et dans toutes leurs manières, l'étonnèrent. Dans la suite, il revint souvent sur cette première impression, et se plaisait à remarquer combien sont différens ceux qui habitent les petites campagnes situées dans les profondes vallées sur lesquelles il plongeait du haut de Longwood (**).

Quelque flexible et robuste que soit l'organisation d'un homme, sa migration dans des pays aussi différens du sien ne s'opère jamais

---

(*) Il est bien à regretter que les médecins qui ont séjourné si long-temps dans l'île, près de l'Empereur, n'aient pas laissé une topographie médicale bien faite. Ils en ont eu tout le temps, et cela eût été plus utile au sujet essentiel de leurs journaux que les récits de batailles et les autres matières étrangères dont ils les ont grossis.

(**) « Point de vieillard dans cette île : une vieille femme, habitant une de ces oasis qu'on trouve çà et là au milieu des bois, est citée comme un phénomène. » O'MÉARA.

sans danger. L'âge de l'Empereur, l'embonpoint qu'il avait acquis depuis quelques années, rendaient bien plus difficile, bien plus chanceuse l'influence toujours périlleuse du climat du tropique pour un Européen. Il craignait extrêmement le froid et l'humidité (*), et il est placé dans les nuages. Tout pourrit dans sa chambre, et lorsqu'il y entre, il lui semble, dit-il, qu'il descend dans une cave humide. Souvent, dans la journée, et surtout le soir, les habits étaient trempés, et les toits dégouttaient, sans qu'il plût, seulement par le passage d'un nuage. (10)

Peu à peu, avant même la révolution de la première année de son séjour à Sainte-Hélène, l'Empereur, et la plupart des Français qui l'environnent, commencent à subir les changemens de l'acclimatement dont les traces l'avaient affecté si désagréablement dans les habitans lors de son débarquement ; il s'en aperçoit dans les autres, il le craint pour lui-même ; les souffrances du corps l'inquiètent peu : ce qu'il redoute, c'est l'affaiblissement de ses facultés in-

(*) Les personnes qui ont connu son intérieur savent à quel point il faisait chauffer son cabinet ou sa chambre. Lorsqu'il descendait chez l'Impératrice, il était rare qu'il ne se plaignît pas du froid qu'il y faisait.

tellectuelles, c'est la dégradation morale. Dans le cours de cet écrit, nous verrons la force de son esprit et son grand caractère ne pas souffrir la moindre atteinte, lorsque son corps, vigoureux cependant, succombe après avoir lutté pendant près de cinq années contre les causes de destruction les plus puissantes.

Les Français et les étrangers qui sont arrivés dans l'île avec l'Empereur sont tous, comme lui, et successivement, plus ou moins malades d'inflammations aiguës ou chroniques des viscères du bas-ventre; plusieurs y succombent (*). Pendant tout le temps de leur séjour, l'état sanitaire des camps établis dans leur voisinage est des plus mauvais. Les hôpitaux sont constamment encombrés, et la mortalité y est effrayante; ceux qui échappent aux premières atteintes succombent aux rechutes, qui sont fréquentes, ou restent dans un état de convalescence interminable dans ce malheureux pays. Le nombre de ces invalides devient si considérable que le gouvernement de l'île se décide à les envoyer, par convois, pour se rétablir, soit au cap de Bonne-Espérance,

(*) Le scorbut, presque inconnu à cette latitude dans les autres parties du monde, sévit ici comme dans les contrées les plus froides et les plus humides de l'Europe.

soit même en Angleterre. Cet état déplorable de l'Empereur, et de la colonie qui l'entoure, éveille en vain l'attention des personnes les plus recommandables de l'île. Les médecins font des rapports au gouverneur, aux ministres eux-mêmes, ils ne sont point écoutés. Les généraux amis de l'Empereur, sa famille, lui-même, demandent qu'il soit soustrait à l'influence de cette funeste localité, soit en le transférant dans une autre partie de l'île, soit en le ramenant sous un climat plus doux et plus à la portée des ressources de la médecine; ces lettres, ces demandes restent sans réponse (11).

Dès ce moment, l'Empereur fut bien affermi dans cette opinion, que l'insalubrité du lieu où il était établi avait été calculée par le ministère anglais comme un moyen de le faire mourir d'une mort assez lente pour qu'elle pût paraître naturelle. Cette opinion, partagée par tant de personnes respectables, et par la portion du public qui en a eu connaissance, est encore fortifiée par les singulières assertions des organes du ministère anglais, qui, dans le moment même où l'Empereur était dans cet état, répandaient dans toute l'Europe qu'il se portait bien, qu'il était gai, qu'il chassait, voyait le monde, assistait même à des bals, tandis qu'il était mourant!

CHAPITRE IV.

Les restrictions et le traitement ont-ils concouru à l'issue funeste de la maladie de l'Empereur?

Depuis la translation de l'Empereur à Longwood, six mois entiers s'étaient écoulés dans cet état de choses, déjà si peu supportable qu'il paraissait impossible de l'aggraver. L'Empereur semblait être résigné, et souffrait, sans se plaindre, tous les désagrémens de sa position. L'amiral Cockburn, les militaires anglais de tous grades, les habitans et les étrangers qui le visitaient, semblaient concourir, avec ses compagnons et ses serviteurs, à lui rendre sa situation tolérable. Jusque là, l'Empereur n'avait eu que des inquiétudes vagues sur le sort qui lui était réservé.

Cet état d'incertitude sur l'avenir fut bientôt cruellement dissipé. Le 14 avril 1816, apparaît à Sainte-Hélène la sinistre figure du nouveau gouverneur, sir Hudson Lowe. Dès la première vue, l'Empereur dit : « Cet homme me « sera funeste, la nature me prévient contre lui; « comme Caïn, Dieu l'a marqué du sceau de la « réprobation. » Il ne revint jamais de cette première impression; la présence du gouverneur lui fut toujours odieuse; et, comme il le disait souvent lui-même, il vit toujours en lui un bourreau déguisé.

Sir Hudson Lowe signale son arrivée à Longwood par la communication de la lettre suivante :

Downing Street, 10 janvier 1816.

« Je dois à présent vous faire connaître que le plaisir (!!!) de S. A. R. le prince régent est qu'à votre arrivée à Sainte-Hélène vous *communiqueriez* à toutes les personnes de la suite de Napoléon Bonaparte, y compris les serviteurs domestiques, qu'ils sont libres de quitter l'île immédiatement pour retourner en Europe; ajoutant qu'il ne sera permis à aucun de rester à Sainte-Hélène, excepté à ceux qui déclareront par un écrit, qui sera déposé dans vos mains, que c'est leur désir de rester dans l'île, et de participer aux restrictions qu'il est nécessaire d'imposer à Napoléon Bonaparte personnellement.

Signé Bathurst. »

Le but de cette notification, qui était de priver d'un seul coup l'Empereur de toutes les personnes qui partageaient sa captivité, et de l'isoler entièrement, ne fut néanmoins pas atteint. Au lieu de céder aux insinuations qui leur furent faites, et de se soustraire promptement à toutes les vexations qu'on leur faisait entrevoir, elles ajoutèrent encore à leur dévouement, se soumettant aux restrictions arbitraires qu'il plairait au nouveau gouverneur de leur imposer. Mais nous verrons bientôt que cette première tentative n'ayant pas eu le résultat qu'on en avait espéré, elle fut renouvelée sans relâche et sous toutes les formes, jusqu'au moment où on fut certain de la fin prochaine de celui qui en était le principal objet. Les dégoûts de toute espèce, les outrages même sont prodigués à tous, des piéges sont tendus à quelques-uns, qui malheureusement ne les soupçonnent pas et s'y laissent prendre; enfin, la violence achève pour les autres ce que les mauvais traitemens et la ruse n'avaient pu obtenir.

Dès sa première entrevue avec l'Empereur, le nouveau gouverneur lui propose de renvoyer M. O'Méara et de le remplacer par son propre chirurgien; il insiste d'une manière si importune et avec une expression de physionomie si affreuse, que l'Empereur dit un instant après: « Mon Dieu! c'est une figure bien sinistre ; j'ose à peine le dire, mais c'est à ne pas prendre une tasse de café s'il était resté un instant seul auprès. »

« Le premier pas de sir Hudson Lowe est une insulte, une de ses premières paroles une barbarie, un de ses premiers actes une méchanceté.

« Bientôt il ne semble plus avoir d'autre occupation, n'avoir reçu d'autre emploi, que de nous tourmenter, et de nous faire souffrir sous toutes les formes, sur tous les objets, de toutes les manières.

« L'Empereur, qui s'était promis d'abord de s'en tenir au plus complet stoïcisme, s'en émeut néanmoins et s'en exprime fortement. Les conversations sont chaudes, la brèche s'ouvre, chaque jour va l'agrandir.

« La santé de l'Empereur s'altère visiblement, et nous le voyons changer à vue d'œil. Contre sa nature, il se sent incommodé très souvent; une fois il garde sa chambre jusqu'à six jours de suite sans sortir du tout; une mélancolie, qu'il déguise à tous les yeux, peut-être aux siens propres, un mal concentré, commencent à le saisir; il rétrécit chaque jour le cercle déjà si resserré de son mouvement et de ses distractions; il renonce au cheval ; il n'invite plus d'Anglais à dîner; il abandonne même son travail régulier; ses dictées, auxquelles jusque-là il avait semblé trouver quelques charmes, ne vont plus. Le dégoût l'avait saisi, et il ne se trouvait pas le courage, me disait-il parfois, de s'y remettre. »

(Las-Cases, *Mémorial.*)

De temps en temps, dans l'intention de faire un peu d'exercice, et surtout de fuir l'impression, si fâcheuse pour lui, de ce vent funeste du sud-est, qui soufflait presque continuellement sur le plateau de Longwood, l'Empereur essayait encore de s'écarter en descendant à quelques milles, cherchant de l'ombre, un abri et l'apparence d'une température plus douce. Cette chétive ressource lui est aussitôt enlevée ; d'absurdes restrictions rétrécissent chaque jour le cercle de ses promenades (12). Les conditions outrageantes qu'on impose pour celles qui lui sont encore permises les rendent impossibles. Il ne sort plus alors, et se confine dans son intérieur, résolu d'y mourir plutôt que de s'exposer à une insulte. Vain sacrifice ! Il fuit l'outrage, on vient le lui prodiguer chez lui ! son asile est violé !... (13).

Cet état d'irritation si ordinaire chez ceux qui souffrent des viscères de l'abdomen est encore excité et entretenu par des vexations journalières (*). La plupart de ses serviteurs, de ses amis, ses médecins eux-mêmes (**) sont successivement éloignés de lui (14). On essaie de dégoûter et d'intimider ceux qui restent par des tracasseries, des insinuations perfides et des menaces. Enfin, dans les derniers temps, les vexations inouïes, que l'on qualifiait de restrictions, se sont tellement multipliées, répétées, et ont été rendues si intolérables, qu'elles trahissent à tous les yeux l'impatience où étaient leurs auteurs d'arriver au dénouement depuis long-temps prévu.

Par le fait seul des restrictions, l'Empereur a été mis dans l'impossibilité de faire l'exercice qui était dans ses habitudes et si nécessaire à l'entretien de sa santé; il s'est alors réfugié dans

---

(*) L'irritabilité morale, symptôme de cette affection, fut encore augmentée par le traitement. Cependant le grand caractère de l'Empereur ne s'est pas démenti un seul instant. Mais que n'eussent pas dit ses ennemis, qui se sont toujours efforcés de le représenter comme un homme d'un caractère dur et d'une violence affreuse, s'il avait cédé à l'influence d'un état morbide qui toujours rend les personnes les plus douces et les plus patientes d'une humeur chagrine et difficile?

(**) A la fin de 1816, il disait à M. O'Méara : « Lorsque sur de vains prétextes, on aura éloigné de moi ceux qui se sont attachés à mon sort, vous le serez aussi, et *alors le crime sera consommé*. »

les occupations sédentaires, et cela avec une persévérance qui lui a été funeste. Il n'est pas un médecin qui n'ait observé combien les hommes livrés habituellement aux travaux sédentaires, tels que les littérateurs, les employés dans les administrations, les artisans de certaines professions, sont sujets à cette gêne, à ce sentiment pénible dans les viscères abdominaux, et à cette sorte de barre sous-diaphragmatique, qui sont autant d'indices de l'embarras de la circulation du système veineux abdominal, et trop souvent les précurseurs des affections organiques des viscères de cette cavité, auxquels succombent un grand nombre d'entre eux. Toutes les causes prédisposantes à ces affections semblent s'être multipliées autour de l'Empereur pour l'en rendre victime : des revers inouïs, la privation de sa liberté et des objets de ses plus chères affections; l'habitation d'un lieu insalubre et qui lui déplaît, la vue obligée de personnes qu'il hait, leurs mauvais procédés, le défaut d'exercice, des travaux continués quelquefois avec trop de persévérance, le manque de médecins lorsque la maladie prend un caractère sérieux, ceux-ci souvent changés, et son manque de confiance dans la plupart d'entre eux (*).

(*) Souvent il répétait : « Si j'étais en Europe, je m'abandon-

Et le traitement, quel fut-il? Examinons l'action qu'il a pu avoir sur l'issue funeste d'une maladie rendue inévitable sous l'influence des causes nombreuses qui l'ont occasionée.

Nous avons déjà vu que, pendant les premiers mois de son établissement à Longwood, l'Empereur supporta assez bien les incommodités et les désagrémens de cette nouvelle habitation; l'influence de son insalubrité ne s'était encore manifestée sur lui et ceux qui l'environnaient que par ce sentiment de pesanteur, l'oppression, les douleurs à la tête et les étourdissemens qu'éprouvent habituellement ceux qui se trouvent placés momentanément à une hauteur perpendiculaire aussi considérable au-dessus du niveau de la mer et à cette latitude : la difficulté à uriner, qui lui était habituelle, paraît s'être aggravée. Exposé continuellement à ces coups de vents froids, humides, auxquels il était si sensible, il voit souvent disparaître brusquement cette irritation cutanée, émonctoire naturel qu'en tout temps ses médecins l'avaient engagé à conserver.

Ces dérangemens assez fréquens ne lui avaient

---

nerais aux lumières des médecins habiles qu'on trouve partout; mais ceux-ci!... ils ne connaissent pas ma maladie, ils n'y entendent rien. »

cependant encore causé aucune inquiétude bien réelle : environné de causes nombreuses, mais obscures, des maladies les plus fâcheuses, elles l'avaient déjà saisi et le minaient sourdement; elles étaient déjà passées à l'état chronique, qu'il ne s'était pas encore douté de leur invasion.

A la fin de *juillet* 1816, après dix mois de séjour dans ce funeste lieu, l'Empereur se plaint, pour la première fois, d'éprouver *de la pâleur* dans le ventre, et un peu de douleur au côté droit. Un mois après, il disait encore à M. de Las-Cases, qui souffrait de l'estomac, que lui n'en avait jamais souffert de sa vie.

Le 9 *septembre*, il se plaint de douleurs à la tête et de coliques. Son médecin lui conseille un *purgatif;* il refuse, et dit en plaisantant qu'il se guérira avec la diète et l'eau de poulet. Le 12, même état; on lui propose le sel d'epsom; il le refuse encore.

Le 13 *septembre*, au malaise général, à la douleur de tête, aux coliques s'ajoutent de la fièvre, du gonflement aux gencives, qui sont décolorées, douloureuses et saignantes au moindre contact. Il se sent abattu et éprouve de la lassitude aux moindres mouvemens.

29 *novembre* 1816. Ici viennent apparaître les premiers symptômes d'une maladie très com-

mune et très meurtrière dans cette île, dont l'humidité habituelle est encore augmentée par les pluies froides et continuelles qui tombent dans cette saison. Cette affection des gencives, contre laquelle on emploie les anti-scorbutiques, va compliquer d'une manière bien déplorable, au moyen d'un traitement si différent de celui qui convenait, la maladie dont elle n'était probablement que l'un des premiers symptômes. Cette première maladie, malheureusement restée inaperçue, sera prise plus tard pour une affection du foie, contre laquelle les vieilles doctrines que suivent encore obstinément les médecins anglais, feront adopter le traitement affreusement incendiaire dont nous ne tarderons pas à voir les funestes effets.

1er *novembre*. Aujourd'hui, et pour la première fois, apparaît un symptôme grave et qui n'est cependant mentionné qu'en passant : je veux dire l'enflure des pieds et des jambes, et l'engorgement des ganglions lymphatiques des aines. *On conseille le sulfate de magnésie, ou sel de Glauber*

3 *décembre*. L'Empereur garde le lit, souffrant du mal de tête et d'un malaise général qui avait été précédé de frissons. Il avait eu un peu de fièvre pendant la nuit.

Dans les nuits des 14 et 17 décembre il éprouve des vertiges, des étourdissemens et des syncopes; il y a menace d'apoplexie. On propose un laxatif et quelques autres remèdes actifs; il s'y refuse, disant qu'il n'avait pris aucune médecine depuis son enfance, et qu'il était persuadé que le moindre purgatif produirait sur lui les plus violens effets, et contrarierait les efforts de la nature; qu'il avait confiance à la diète, aux délayans, etc.

27 *décembre*. Mal de tête, insomnie.

30 *janvier* 1817. Jambes enflées.

2 *mars*. L'Empereur est atteint de diarrhée.

24 *mars*. Jambes enflées.

Ici se trouve une lacune de six mois dans le journal de M. O'Méara. Ce temps se passe en alternatives de douleurs à la tête, de fluxions aux mâchoires, douleurs dans les membres, jambes enflées, insomnies, manque d'appétit; rarement un seul jour s'écoule sans que l'Empereur ait à se plaindre de quelques souffrances. Pendant ce temps il est presque constamment à l'usage des anti-scorbutiques.

20 *septembre* 1817. Les gencives sont gonflées et saignantes; le bas des jambes est enflé; l'Empereur se plaint d'insomnies.

25 *idem*. Nausées.

26 *Sept.* Sensations douloureuses dans les membres ; jambes enflées; l'empreinte d'une pression y reste ; point d'appétit ; gencives saignantes.

1er *octobre.* « Il se plaint, dit M. O'Méara, d'une douleur sourde dans la région hypocondriaque droite, immédiatement au dessous des cartilages des côtes, et qu'il dit avoir éprouvée la veille pour la première fois ; une sensation dans l'épaule droite, qui ressemble plutôt à un engourdissement qu'à une douleur; une légère disposition à tousser ; un manque de repos la nuit. Il a dit qu'il se sentait comme un besoin d'appuyer ou de presser son côté contre quelque chose; gencives spongieuses; jambes un peu enflées; pulsations, 68; appétit passable. Il sentait au côté droit, a-t-il dit, quelque chose qui n'y avait jamais été auparavant. Je lui ai fait observer que cela pourrait être l'effet de la constipation, et je lui ai recommandé de prendre un *laxatif*, qui, lui ai-je dit, serait encore convenable si c'était une attaque *au foie*, maladie prédominante dans l'île ; que, si le mal faisait des progrès, accompagnés d'autres symptômes, on ne pourrait douter que ce fût une hépatite (inflammation du foie), cas où l'on serait obligé d'avoir recours aux remèdes nécessaires que je lui ai indiqués. »

Ce diagnostic sur l'hépatite, prononcé pour la première fois et placé là d'une manière encore dubitative, nous le verrons bientôt se reproduire et devenir l'expression de l'opinion qui dominera tout à l'avenir : symptômes les plus opposés, traitement, régime, exercice, repos, tout va y être rattaché, tout lui sera subordonné.

2 *octobre*. Jambes plus enflées.

3 *idem*. Le côté exploré est trouvé enflé, dur et douloureux au toucher ; l'Empereur dit que depuis deux mois il en a fait la remarque. On conseille les anti-scorbutiques.

19 *idem*. L'Empereur dit qu'il n'est jamais exempt d'une douleur sourde ou d'une sensation désagréable au côté droit; son appétit est diminué, ses jambes sont encore enflées, surtout vers le soir; il a aussi de temps en temps des envies de vomir; une grande insomnie, etc. On aperçoit dans sa physionomie une certaine anxiété, un air mélancolique.

7 *décembre*. L'Empereur prend une médecine, que M. O'Méara lui administre lui-même.

15 *janvier* 1818. La maladie poursuivant sa marche progressive, on administre à l'Empereur *une nouvelle médecine*.

26 *id*. Constipation et symptômes de dyspep-

sie, tels que des envies de vomir et des flatuosités; la douleur au côté toujours la même; les jambes toujours aussi enflées. Pendant les six mois qui suivent, les accidens caractéristiques de cette maladie s'accroissent rapidement sous l'emploi d'une médication de plus en plus perturbatrice, dont nous allons voir les détails et suivre les effets dans le récit qu'en trace lui-même le médecin qui l'a employée.

M. O'Méara, après avoir éprouvé les désagrémens les plus vifs, que son attachement pour l'Empereur et la position dans laquelle il déplorait de le laisser ont pu seuls lui faire supporter avec tant de patience, est enfin renvoyé en Angleterre par le gouverneur, le 25 juillet 1818.

Le lecteur qui a suivi attentivement l'exposé méthodique de l'invasion et des progrès de cette maladie n'a pas dû être peu surpris de voir hasarder, après deux ans de tâtonnemens sans but et sans fin, un diagnostic aussi positif de l'hépatite chronique, dans un cas de maladie dont les symptômes se sont montrés si long-temps et restent presque toujours si obscurs. Si l'insomnie, si les douleurs à la tête presque continuelles, si des signes de congestion cérébrale momentanée, des nausées, la constipation habituelle, une douleur sourde au côté droit; si les jambes engorgées, la fièvre, des sueurs fréquentes et la couleur jaune de la peau, sont pour quelques médecins des signes assez certains d'affection du foie, qui doit être traitée, suivant eux, par les purgatifs et les mercuriaux, ils sont encore plus pour d'autres les indices de l'embarras de la circulation abdominale, ou d'une inflammation chronique des organes contenus dans cette cavité, qui aurait dû être combattue dès le début par les saignées générales et spéciales et le traitement qui leur est approprié; mais, actuellement que ces derniers moyens ont été négligés, et que le caractère de cette affection s'est plus clairement exprimé, quelle ne va pas être notre anxiété en voyant le médecin s'enfoncer plus que jamais dans le traitement excitateur que cette fatale erreur et la routine lui ont déjà fait adopter!

Étant de retour en Europe, M. O'Méara s'empresse de faire connaître à la famille de l'Empereur la position dans laquelle il l'a laissé, ses craintes, et les circonstances de son renvoi. Monseigneur le cardinal Fesch est aussitôt chargé de faire choix d'un médecin et d'un chirurgien dont les talens et la réputation répondissent à l'importance des fonctions qui allaient leur être confiées. Malheureusement, par une suite de cette fatalité qui semble s'être attachée aux dernières années de la vie de l'Empereur (*), un si honorable, un si haut emploi, au lieu d'être offert à quelques-uns des hommes les plus distingués dans notre art (et j'ose affirmer qu'il n'en est point qui ne se fussent trouvés heureux de s'associer à une si illustre infortune), est confié à deux hommes obscurs, dont l'un, prêtre des missions étrangères, avait, seulement en cette qualité, fait quelques études en médecine. Nous verrons bientôt les conséquences funestes qui

(*) M. Fourreau, qui, en 1814, avait accompagné l'Empereur à l'île d'Elbe, en qualité de son chirurgien particulier, devait aussi en 1815 le joindre à la Malmaison lorsque le départ y fut résolu. Mais étant retenu à la Chambre des Députés, dont il était membre, il ne put arriver à temps, et ce fut M. Maingault qui le suivit. Ce dernier médecin ne comprit pas malheureusement la hauteur de sa mission, et s'en démit au moment où la fortune lui offrait l'occasion d'attacher son nom à une époque si intéressante par ces grands événemens. Ses regrets aujourd'hui doivent être d'autant plus vifs, qu'il y a tout lieu de croire que M. Maingault, qui est un des élèves distingués de l'école de Paris, eût, par des soins bien entendus, préservé peut-être l'Empereur de sa maladie, ou au moins prolongé long-temps encore sa vie. Dans l'embarras où la résolution inattendue de M. Maingault plaça la personne chargée d'organiser le service autour de l'Empereur, le hasard et la nécessité décidèrent du choix qui fut fait du chirurgien du vaisseau anglais le *Northumberland*, à bord duquel on était.

devaient nécessairement résulter d'un choix aussi étrange.

Ce qu'on avait appris du mauvais état de la santé de l'Empereur commandait la plus grande célérité dans le voyage des médecins qui lui étaient envoyés, et cependant des lenteurs incroyables retardent leur départ. C'est pendant leur séjour à Rome que ces messieurs reçoivent la communication du rapport de M. O'Méara sur la maladie de l'Empereur; il était conçu en ces termes :

« Les derniers jours de septembre 1817 ont développé des symptômes qui indiquent du désordre dans les fonctions hépatiques. Napoléon avait souvent été attaqué avant cette époque de catarrhe, de maux de tête, de rhumatismes; mais ces accidens se sont aggravés; les jambes se sont enflées.

« Les gencives ont pris une apparence spongieuse, scorbutique; enfin il s'est manifesté des signes d'indigestion.

« 1er *octobre* 1817, douleurs aiguës, chaleur, sensation de pesanteur dans la région hypocondriaque droite. Ces accidens ont été accompagnés de dyspepsie et de constipation. Depuis cette époque, la maladie n'a pas cessé; elle a fait des progrès lents, mais continuels. La douleur, d'abord légère, s'est accrue au point de faire craindre une hépatite aiguë. Cette exacerbation du mal est l'effet d'un fort catarrhe.

« Trois dents molaires étaient attaquées. Je jugeai, d'après cette circonstance, qu'elles devaient en partie être cause des affections inflammatoires des muscles et des membranes de la mâchoire; je pensai en outre qu'elles avaient produit le catarrhe; je les arrachai à des intervalles convenables ; les attaques depuis ont été moins fréquentes. Je conseillai, pour détruire l'apparence scorbutique qu'avaient prise les gencives, l'usage des légumes, des acides. Je réussis; elle disparut, reparut encore, et fut dissipée par le même moyen. Les purgatifs, les frictions remirent les jambes en bon état. Elles furent cependant affectées au bout de quelque temps, mais beaucoup moins fort. Les purgatifs, les bains chauds, les sueurs abondantes ont souvent atténué la douleur de la région hypocondriaque, mais ne l'ont jamais dissipée complètement : elle s'est beaucoup accrue dans le courant d'avril et de mai 1818. Elle est devenue irrégulière, a produit la constipation, puis la diarrhée, puis des évacuations abondantes de matières bilieuses, muqueuses. En même temps les coliques, les flatulences se faisant sentir, l'appétit avait disparu; sensation de pesanteur, inquiétude, oppression au scorbicule du cœur; visage pâle, jaune de la *tunica sclerotica*.

« Urines âcres et fortement colorées; accablement d'esprit et mal de tête. Le malade ne pouvait se tenir sur le côté gauche; il éprouvait des sensations de chaleur dans l'hypocondre droit; nausées; de temps à autre vomissement de bile âcre et visqueuse, qui s'est accru avec la douleur. Absence presque totale de sommeil; incommodité, faiblesse.

« L'affection des jambes s'est reproduite, mais avec moins de force qu'elle n'en avait d'abord. Mal de tête, inquiétude, anxiété, oppression dans les régions épigastrique et précordiale; paroxysme de fièvre à l'entrée de la nuit. Peau brûlante, soif, maux de cœur; pouls rapide. Calme, sueur vers le point du jour: c'est un effet assez constant chez le malade. Les sueurs abondantes lui ôtent la fièvre. Il existe à la région hypocondriaque droite une tuméfaction qui est sensible à la pression extérieure; langue presque constamment blanche. Le pouls, qui avant la maladie donnait cinquante à soixante pulsations par minute, va jusqu'à quatre-vingt-huit. Douleur au-dessus de l'acromion. Administré, pour exciter le foie et le ventre, rétablir la sécrétion de la bile, deux purgatifs. Soulagement, mais peu durable.

« Dans les derniers jours de mai et les premiers jours de juin, les effets en étaient faibles et momentanés. J'ai proposé le mercure; mais le malade a montré la répugnance la plus vive; il a repoussé l'usage de ce médicament sous quelque forme qu'il fût déguisé. Conseillé de monter à cheval, de faire chaque jour avec une brosse des frictions sur la région hypocondriaque, de porter de la flanelle, de prendre des bains chauds, des remèdes, quelques divertissemens, de suivre un régime, de ne pas s'exposer au mauvais temps, aux variations de l'atmosphère, il a négligé les deux choses les plus importantes, l'exercice et les divertissemens. Enfin, le 11 juin, nous avons triomphé de sa répugnance. J'ai obtenu qu'il ferait usage du mercure. Il a en effet pris des pillules mercurielles n° ij, gra. vj. Il a continué ce traitement jusqu'au 16. Je lui en donnai soir et matin, et de temps à autre quelques purgatifs pour dissiper la constipation. Au bout de six jours je changeai la prescription, et substituai au mercure le calomelas (*submurias hydrargyri*), mais il produisit des maux de cœur, des vomissemens, des coliques, une inquiétude générale; je cessai de l'employer. Je l'administrai de nouveau le 19; il causa les mêmes désordres. Je revins à la première préparation mercurielle, que j'employai trois fois par jour. J'interrompis ce traitement le 27. Les appartemens sont extrêmement humides. Napoléon avait contracté un violent catarrhe ; il avait une grosse fièvre, une irritation des plus vives. Ce médicament fut repris le 2 juillet; je le continuai jusqu'au 9, mais n'en obtins aucun heureux effet. Les glandes salivaires étaient toujours dans le même état; l'insomnie, l'irritation croissaient; les vertiges devenaient fréquens. Deux ans d'inaction, un climat meurtrier, des appartemens mal aérés, bas; un traitement inouï, l'isolement, l'abandon, enfin tout ce qui froisse l'âme agissait de concert. Est-il surprenant que le désordre se soit mis dans les *fonctions hépatiques?* Si quelque chose étonne, c'est que les progrès du mal n'aient pas été plus rapides. Cet effet n'est dû qu'à la force d'âme du malade, et à la bonté d'une constitution qui n'avait point été affaiblie par la débauche.

Signé, Barry, E. O'Méara,
Chirurgien, etc. »

Longwood, 9 Juillet, 1818.

S'il n'importait pas autant à l'intérêt de notre

sujet de faire ressortir l'influence funeste que le traitement tracé dans cet étrange rapport a eu sur la marche et l'issue de la maladie qui en est l'objet, nous nous serions abstenu, par égard pour les qualités personnelles de son auteur, d'y ajouter aucune réflexion critique; mais l'étonnement dont nous fûmes saisi après l'avoir parcouru, d'y voir la maladie qui en fait le sujet être si complètement méconnue par celui-là même qui en trace, à son insu, un tableau si fidèle, nous force d'y revenir malgré nous.

Nous remarquerons d'abord que ce mémoire, rédigé pour être soumis à des médecins qui ne connaissent ni le malade, ni le pays qu'il habite, si différent du leur, manque absolument des détails qui entrent toujours rigoureusement dans la rédaction de pareilles pièces. Ni le climat, ni la température, ni les influences que le malade peut recevoir de la localité et de tout ce qui l'environne, n'y sont mentionnés; son genre de vie, son régime, ses habitudes, y sont omis. Les affections concomitantes du canal de l'urètre, de la vessie et de la peau, n'y sont pas même indiquées : ces causes prédisposantes n'ont pu être négligées sans que le diagnostic et le traitement des médecins qui ont été consultés ne s'en soient ressentis. En parlant de la nature des excrétions, sur lesquelles on passe très légèrement, on y dit que *les urines sont âcres:* expression banale, au moyen de laquelle l'auteur a voulu dire, apparemment, que l'émission en était douloureuse : la maladie des voies urinaires, dont on ne parle pas, le fait assez supposer; mais c'était une raison de plus pour le faire remarquer.

« Les derniers jours de septembre, dit-on, ont vu se développer des symptômes qui indiquent des désordres dans les *fonctions hépatiques.* » Il était intéressant de spécifier ici les caractères de ces symptômes, car nous savons assez combien il est facile d'errer en ce point. Ici, par exemple, on a pris évidemment pour des indices exclusifs de la maladie du foie, tous les accidens qui lui sont communs avec une inflammation de l'estomac ou des autres parties du tube digestif, tels que ceux qui sont signalés dans le journal à la date correspondante à cette époque, qui sont la chaleur, la fièvre, l'insomnie, les douleurs habituelles à la tête et dans l'hypocondre droit, le manque d'appétit, les nausées, les vomissemens, les douleurs dans les membres, l'infiltration des jambes, qui conservent l'empreinte de la moindre pression.

On dit qu'avant cette époque « il avait souvent été attaqué de catarrhe, » et on ne spécifie pas quelle espèce de catarrhe; « de maux de tête, de rhumatisme : » quel vague dans un pareil sujet! « Les gencives ont pris une apparence spongieuse, scorbutique; enfin il s'est manifesté des signes d'indigestion : douleurs aiguës, chaleur, sensation de pesanteur dans la région hypocondriaque droite, dyspepsie, constipation, etc. La douleur d'abord s'est accrue au point de faire craindre une hépatite aiguë: cette exacerbation du mal *est l'effet d'un fort catarrhe*, » c'est-à-dire l'effet des antiscorbutiques âcres et des purgatifs que le malade s'est décidé à prendre, vaincu par le mal et les obsessions du médecin; car il est difficile de comprendre comment un catarrhe, quelque fort qu'il fût, aurait pu occasioner de pareils accidens. On ajoute un peu plus bas que le même catarrhe a été produit par des douleurs qu'occasionent des dents cariées,... et on n'aperçoit pas la corrélation de ce mauvais état des gencives et des dents avec l'affection si patente de l'estomac.

Après la longue énumération qui suit des symptômes d'une affection des voies digestives surexcitées, nous nous attendons à voir le médecin, effrayé de la gravité des accidens, conseiller les émissions sanguines locales, et les émolliens sous toutes les formes; mais, au lieu de cela, nous trouvons cette phrase caractéristique de la méthode depuis long-temps adoptée pour le traitement: « *Administré, pour exciter le foie et le ventre, rétablir la sécrétion de la bile, deux purgatifs* »! Puis on ajoute: « Soulagement, mais peu durable. »

« Dans les derniers jours de mai et les premiers de juin, les effets (des purgatifs) étaient faibles et momentanés. » Il fallut bien recourir au grand remède, au mercure enfin, qu'on peut appeler la *panacée anglaise;* mais, heureusement, la raison du malade le lui fait refuser absolument pour cette fois. Aussi peu habiles dans le choix des moyens simples que dans celui des drogues, on conseille l'exercice du cheval; mais l'Empereur ne peut endurer l'ébranlement fâcheux que lui occasione cet exercice. « Enfin, le 11 juin, nous avons triomphé de sa répugnance. J'ai obtenu qu'il ferait usage du mercure. Il a en effet pris des pillules mercurielles, n° ij. gr. vj. Il a continué ce traitement jusqu'au 16; je lui en ai donné soir et matin, et de temps en temps quelques purgatifs pour dissiper la constipation. » On ne fait pas mention des effets de cette drogue, mais on nous informe qu'au bout de six jours on changea la prescription, pour substituer le calomel au mercure, c'est-à-dire que nonobstant la *cachexie scorbutique* on continue l'usage du même métal sous une autre forme. « Mais il produisit des maux de cœur, des vomissemens, des coliques, une inquiétude générale ; je cessai de l'employer. Je l'administrai de nouveau le 19; il causa les mêmes désordres. Je revins à la première préparation mercurielle, que j'employai trois fois par jour. J'interrompis ce traitement le 27. »

L'Empereur était à bout; l'effet de ce funeste traitement l'avait mis dans un état d'irritation difficile à concevoir. Une première excitation est à peine apaisée, qu'on en suscite une autre. Tout est perturbation dans un pareil traitement, et dès lors on peut prévoir quel en sera le résultat: cette gastrite, d'abord circonscrite et peu intense, finira nécessairement par s'étendre sur les annexes de l'organe primitivement atteint, puis viendra son induration squirrheuse, et enfin sa perforation. De ce moment la maladie a pris un caractère de gravité qui ne s'est plus ralenti. L'Empereur lui-même et ceux qui l'environnent commencent à désespérer de la guérison; et c'est dans une situation si fâcheuse que son médecin lui est enlevé (*).

(*) C'est alors qu'avec l'expression d'une indignation qu'il

Malgré les instances obséquieuses et toujours inutiles du gouverneur pour que l'Empereur consente à confier le soin de sa santé au médecin qu'il essaie de lui imposer, près de six mois s'écoulent avant que l'illustre prisonnier obtienne qu'un médecin et un chirurgien du choix de sa famille lui soient envoyés d'Europe.

Le rapport que nous venons d'examiner ayant été soumis à cinq des principaux médecins de Rome, fut discuté par eux en présence de ceux qui se rendaient à Sainte-Hélène, et la consultation suivante qui, en fut le résultat, leur fut confiée.

« Nous soussignés, réunis pour consulter la santé de S. M. l'Empereur Napoléon, après avoir examiné avec soin un rapport du docteur O'Méara, qui a soigné le malade jusqu'au 25 juillet 1818, nous sommes accordés dans les idées suivantes :

« 1° La maladie de l'auguste patient consiste *dans une obstruction du foie, et une dyscrasie scorbutique.*

---

ne peut contenir, il dit à son médecin : « J'ai trop vécu. Votre ministère est bien hardi ! Quand le pape était en France je me serais plutôt coupé le bras que de signer un ordre pour faire éloigner son médecin. » Et après l'avoir honoré des témoignages d'un sincère attachement, il lui dit avec émotion : « Adieu, O'Méara, nous ne nous reverrons plus. »

« 2° Les moyens de s'opposer à la première maladie sont une diète, tempérée par des végétaux frais, des fruits subacides, des substances animales, faciles à digérer, et propres à fournir un chyle adoucissant. L'exercice en plein air, à pied, à cheval, en voiture; une habitation qui soit aérée, exposée aux vents les plus secs et les plus salubres, et enfin l'usage de remèdes qui adoucissent et n'excitent pas le système, sont autant de moyens qu'on emploiera avec succès. L'extrait de cicuta, l'acétate de potasse, et un peu d'eau minérale salée, du genre de celle de Tettucio en Toscane, méritent cependant la préférence.

« 3° Si l'usage de ces médicamens ne relâchait pas le ventre on pourrait y joindre, deux ou trois fois la semaine, une petite dose de pilules composées de savon, de rhubarbe, de sulfate de soude ou de potasse, et pétries avec l'extrait de la tarassaco, que le malade prendrait avant le souper.

« 4° Pour détruire la *dyscrasie scorbutique*, il faut, outre les trois moyens indiqués dans le numéro précédent, employer les sucs dépurés des plantes anti-scorbutiques, la fumaria (fumeterre), du beccabunga (veronica beccabunga), du nastursio aquatico (nastursium aquaticum), et cochlearia *surtout*. On peut, pour rendre aux gencives la consistance et la vigueur qu'elles doivent naturellement avoir, faire usage d'un opiat dentifrice, préparé avec des plantes anti-scorbutiques pulvérisées, et pétries avec une conserve de rose.

« 5° Le *vice hépatique* (*) disparaissant avec ses conséquences, le défaut d'appétit, et les vents surtout, on pourrait employer le petit lait de jument ou d'ânesse, mêlé à quelques sucs de plantes amères non aromatiques, parmi lesquelles on doit choisir de préférence les diverses espèces de chicorée.

« 6° Enfin, dans la saison la plus chaude, on peut, si le vice scorbutique ne s'y oppose pas, et que la continuation ou l'augmentation de l'*obstruction du foie* l'exige, appliquer, mais avec prudence, des bains froids, ou au moins peu chauds, ainsi que des douches sur l'hypocondre droit.

« Ces conseils doivent être subordonnés aux circonstances particulières où se trouve l'auguste

---

(*) Ces dénominations vagues et surannées de dyspepsie, dyscrasie, vice scorbutique, etc., dont est empreinte cette consultation, font assez connaître quelles doctrines professent et à quelle école appartiennent ses auteurs.

malade, et à son état au moment où le médecin choisi le visitera.

Paul-Baptiste Mucchielli, *médecin de son altesse;* Jean-Baptiste Bomba, Pierre Lupi, Dominique Morichini, Joseph Sisco, *professeurs à l'université.*

Rome, 1er février 1819.

Si les médecins qui ont délibéré la consultation que nous venons de voir, n'y avaient attaché leurs signatures, on pourrait se refuser à croire que des professeurs de l'université de l'une des capitales de l'Europe aient eu l'imprudence, sur un exposé aussi vague, aussi insuffisant que l'est la note du docteur O'Méara, d'adopter, sans hésiter, l'opinion qui y est indiquée sur une maladie dont le diagnostic est presque toujours si obscur et si difficile, même au lit du malade.

Ce n'est point à cause du traitement qu'on y indique, traitement heureusement assez insignifiant, ou du moins beaucoup moins incendiaire que le précédent, que nous nous permettons de blâmer la rédaction de cette pièce; mais seulement à cause de l'opinion qu'elle consacre si légèrement, que c'est le foie seulement qui est malade chez l'Empereur, et que c'est uniquement de l'affection de cet organe que l'on devra s'occuper : erreur fatale, parce qu'elle servit de règle de conduite à l'inexpérience de ceux aux mains desquels cette consultation fut confiée.

Messieurs Vignali et Antommarchi, qui sont les médecins adressés à l'Empereur, nous apprennent que, munis des conseils tracés par les professeurs romains, ils partirent pour Londres, où ils furent assez heureux, pendant le séjour forcé qu'ils y firent, pour rencontrer M. O'Méara, qui venait d'y arriver. Ce dernier leur confirma de vive voix ce que leur avait appris son rapport sur la fâcheuse position de l'Empereur, et l'opinion qu'il en avait conçue. Il les engagea à presser leur départ, en leur apprenant que le docteur Stokoe, qui l'avait remplacé près de l'Empereur, lorsqu'il fut forcé de le quitter, avait été obligé de cesser aussi ses visites peu de jours après, et que l'Empereur se trouvait depuis lors privé des secours de l'art dans un aussi pressant danger. Il leur remit les rapports de ce dernier, qui comprennent seulement un espace de quatre jours; les voici :

Longwood, 17 janvier 1819.

« J'ai visité ce matin Napoléon; je l'ai trouvé dans un état de faiblesse extrême; il souffrait cruellement du côté droit, dans la région du foie, et éprouvait des élancemens douloureux dans l'épaule. Il a eu au milieu de la nuit un violent mal de tête, suivi de vertiges qui ont duré un quart-d'heure; il a pris, lorsqu'il a été remis, un bain chaud, qui a déterminé une transpiration abondante, et l'a beaucoup soulagé. Je pense, vu la tendance du sang à se porter à la tête, qu'il est indispensable qu'un médecin reste auprès de sa personne, afin d'administrer à temps les secours nécessaires dans un cas si grave.

JOHN STOKOE. »

A M. LE COMTE BERTRAND.

Longwood, 18 janvier 1819.

« Malgré le symptôme d'*hépatite chronique*, dont la première apparition date déjà de seize mois, et les désordres qu'elle a occasionés, je ne crois pas qu'il y ait de péril imminent. La maladie devient tous les jours plus grave, et terminera probablement les jours de Napoléon. Mais quels que soient l'influence du climat et les progrès du mal, je ne pense pas, je le répète, qu'il y ait de danger imminent. Les signes les plus alarmans sont ceux qui se sont développés dans l'avant-dernière nuit. S'ils se renouvelaient, ils amèneraient un résultat fatal, surtout si les secours manquaient.

JOHN STOKOE.»

Longwood, 19 janvier 1819.

«Hier, peu après mon arrivée à Longwood, j'ai été invité à me rendre auprès de Napoléon Bonaparte. Le comte Bertrand m'a demandé la cause de ma longue absence. Je lui ai répondu que l'amiral n'ayant pas été prévenu officiellement à Longwood, je n'avais obtenu de permission que fort tard dans l'après-midi. J'ai revu le malade: la fièvre continuait, la chaleur de la peau était considérable, la douleur de tête était augmentée, et il n'avait eu aucune évacuation depuis vingt-quatre heures. Je craignais une attaque semblable à celle qu'il avait eue dans la nuit du samedi au dimanche. Je lui ai conseillé une saignée légère et un *fort purgatif*. Il a montré de la répugnance pour mes ordonnances, et a préféré l'emploi d'un lavement. Vers les trois heures du matin, le comte Bertrand me fit appeler et me pria de l'accompagner chez Napoléon. Les symptômes n'étaient pas diminués, et le mal de tête était allé en augmentant. J'insistai vivement pour la saignée; il y consentit, et éprouva un soulagement presque instantané. Il *prit une forte dose de sel de Cheltenham. J'eus, dans cette circonstance, occasion d'examiner, plus particulièrement que je ne l'avais fait, la région du foie, et je suis à présent convaincu que ce viscère est gravement affecté. J'ai recommandé en conséquence le traitement mercuriel* et les autres médicamens qui vont mieux à la constitution du malade.

Signé John Stokoe. »

Sainte-Hélène, 20 janvier 1819.

« Monsieur,

« J'ai de fortes raisons de supposer que mes visites à Longwood seront suspendues, ou par ordre direct de mes supérieurs, ou parce que l'on me rendra ce service si désagréable que je serai forcé d'y renoncer.

« En tout cas, si je n'ai pas l'avantage de pouvoir m'entretenir avec vous d'un objet qui m'intéresse vivement, je vous invite à tout faire pour engager Napoléon à adopter l'usage des médicamens que je lui ai prescrits; *ceux-là seuls peuvent écarter le danger qui le menace. L'hépatite*, à quelque degré qu'elle soit parvenue, est une maladie dangereuse, surtout dans un climat tel que celui de Sainte-Hélène. *L'engor-*

gement où se trouve le foie, l'état habituel de constipation et *le désordre* des organes digestifs, détermineront le sang à se porter à la tête, précisément comme cela est arrivé samedi. Je vous prie donc, Monsieur, s'il ne m'est plus permis de lui donner mes soins, de faire vos efforts pour que le docteur Verling me remplace à Longwood.

J'ai l'honneur d'être, etc.

Signé JOHN STOKOE. »

A M. LE COMTE BERTRAND.

Longwood, 21 janvier 1819.

« Une heure et demie après mon arrivée à Longwood, j'ai vu Napoléon. La fièvre était légère; mais la douleur au côté droit était augmentée. *Le purgatif avait produit des évacuations accompagnées de fortes coliques*. Le malade avait mal dormi, et *la douleur au côté subsistait dans toute sa force*. Je lui ai conseillé un bain chaud, qu'il a pris à l'instant, et dans lequel je l'ai laissé. En partant, j'ai insisté sur la nécessité de recommencer un traitement médical. Je lui ai dit que j'avais déjà préparé quelques médecines et que je lui en enverrais d'autres, avec les instructions convenables, puisque je ne pouvais continuer mes visites. Il me répondit qu'il ne prendrait aucune médecine qui ne lui serait pas administrée par son chirurgien.

Signé John Stokoe. »

Dans ces rapports, qui sont en tout conformes aux précédens, nous voyons la même erreur de diagnostic conduire, par les mêmes fautes dans le traitement, à des résultats semblables. Admettre aussi légèrement l'existence d'une maladie si rare, qu'il est si facile et malheureusement si ordinaire de confondre avec celle des organes voisins, beaucoup plus commune, c'est se montrer bien étranger aux travaux les plus importans de ses contemporains. Si nous jugions de l'état de la science en Angleterre par les doctrines pratiques exprimées dans ces consultations, nous la jugerions bien en arrière des découvertes modernes; mais, pour l'honneur des médecins de cette nation, nous supposons plutôt que leurs auteurs, chirurgiens de la marine, sont restés forcément et bien malheureusement, par la nature de leurs fonctions, peu au courant des progrès de l'anatomie pathologique qui, depuis vingt ans, a fait faire de si grands pas à la médecine en France.

On trouve, dans ce que M. Antommarchi appelle ses *Mémoires*, que ces consultations et ces rapports ayant été réunis et soumis à des médecins de Londres, qui s'étaient le plus spécialement occupés de la maladie dont on croyait l'Empereur atteint, ils statuèrent et répondirent de la manière suivante :

« Nous avons délibéré sur les rapports écrits et verbaux des docteurs O'Méara et Stokoe; nous croyons avoir reconnu que Napoléon est atteint d'*une hépatite chronique.* Cette maladie est presque toujours la conséquence de l'hépatite aiguë, surtout quand le malade, né dans un autre pays, accoutumé à d'autres climats, réside sous les tropiques; mais elle est quelquefois le résultat des circonstances locales qui tendent à troubler la transpiration. C'est le cas dont il s'agit. Le relâchement de la texture primitive du foie, joint à la cessation soudaine de l'activité cérébrale et musculaire, et à l'affaiblissement des facultés intellectuelles, devait naturellement accélérer les progrès de l'engorgement humoral du viscère. Nous pouvons assurer que la *discrasia scorbutica n'existe pas encore.* La membrane muqueuse qui recouvre les gencives, ainsi que les autres de la même nature, est ordinairement la première à se ressentir de toute irrégularité viscérale, et qui influe directement sur les fonctions de la chylification, la sanguification, et la nutrition successive des parties organiques. »

« MONSIEUR,

« J'ai lu avec attention les deux rapports que vous avez eu la bonté de m'envoyer. Si je n'étais pas convaincu du peu de cas que mérite une opinion formée sans avoir le malade sous les yeux, je me plaindrais peut-être du défaut de renseignemens sur certains points auxquels j'ai l'habitude de donner de l'importance, quand je cherche à arriver dans les maladies hépatiques à une exacte diagnose. Au lieu d'essayer une dissertation qui vous paraîtrait au moins inutile, je crois qu'il suffit de vous répéter en termes généraux ce que j'ai déjà eu le plaisir de vous exprimer de vive voix, c'est-à-dire que les expériences et les observations que j'ai faites et recueillies m'ont pleinement convaincu que les mercuriels sont les seuls moyens de produire une guérison radicale ; ce sont de tous les médicamens ceux qui répondent le mieux à nos espérances, pourvu néanmoins qu'il n'y ait pas encore de lésions organiques, et qu'ils soient administrés avec prudence et dans des circonstances convenables. Je ne voudrais cependant pas qu'on supposât qu'il entre dans mes idées d'exclure les autres moyens de guérison, comme les saignées locales, les vésicatoires, les purgatifs, les rafraîchissans, etc. Je crains que vous ne m'accusiez de superfluité, vous qui, élève de Mascagni, savez mieux que personne que rien ne constate mieux l'état d'un organe que la manière dont il exécute ses fonctions, si j'ajoute que, comme l'effet ordinaire des mercuriels est d'exciter le foie à accomplir ses sécrétions naturelles, il faut que la dose et la préparation soient réglées uniquement pour cet objet : les apparences doivent nous indiquer les avantages obtenus, et doivent être seules nos guides dans l'application du grand remède dont la recommandation est le principal objet de cette lettre.

J'ai l'honneur d'être,

S. »

Ces deux consultations, qui ont été rédigées sur les précédentes, en sont la conséquence toute naturelle, et leur sont en partie conformes quant au diagnostic; la dernière en diffère en un point essentiel du traitement, qui est empreint de la méthode curative que les médecins anglais emploient contre les maladies du foie, si communes à ceux qui ont habité l'Inde, ou sous le ciel des tropiques. Induits en erreur par les renseignemens sur lesquels ils ont basé leur opinion, les auteurs de ces pièces ont agi consciencieusement; et l'ordre, la clarté et la prudence avec lesquels le dernier donne son avis pour le traitement, font supposer que c'est un homme habile, et en même temps doivent faire regretter qu'on se soit abstenu de le nommer. Uniquement occupé de la maladie du foie, qui, si elle existe, n'est que secondaire ou consécutive à celle des organes voisins qu'il ne soupçonne pas et néglige, il ne craint pas cependant de conseiller l'emploi des purgatifs et des mercuriaux, dont l'action sur l'estomac ne pouvait manquer d'amener sa prompte désorganisation. Cette réserve qu'il ajoute à ces premiers avis, « pourvu néanmoins qu'il n'y ait pas encore de lésions organiques, et qu'ils soient (les purgatifs) administrés avec prudence et dans des circonstances convenables », et l'emploi des saignées locales qu'il conseille, suffisent pour faire apercevoir en lui l'homme supérieur à la foule de polypharmaques des trois royaumes réunis (*).

(*) La fréquence des affections viscérales de l'abdomen en Angleterre, et leur terminaison si souvent funeste, attestent assez les déplorables effets du traitement qui leur est op-

Dans ces notes, comme dans celles qui précèdent, nous avons à regretter qu'on se soit si peu occupé du régime et des autres moyens hygiéniques ; car, s'il est des maladies où ces moyens peuvent avoir un véritable succès, ce sont assurément celles qui ont leur siége dans les organes de la digestion. Dans ce cas, qui est celui où se trouvait l'Empereur, la marche du médecin était claire et facile ; l'appétence ou les dégoûts du malade lui faisaient assez connaître ce qu'il pouvait permettre dans le régime, ce qu'il devait éviter en fait de médicamens. De ces derniers, tous ou presque tous étaient nuisibles, et c'est surtout ici le cas de dire que le meilleur remède était de n'en point prendre. Tout a dépendu des commencemens, et le traitement adopté dès le début a décidé de la gravité de la maladie et de la vie du malade.

---

posé. Un grand nombre de ses victimes viennent sur le continent mourir de ces maladies surexcitées. Toutes sont munies de longues consultations et de pharmacies portatives abondamment pourvues des teintures et des poudres d'ellébore noir, de colombo, de gingembre, de poivre long, de muscade, d'aloès, etc. ; des extraits de coloquinte ; du précieux et banal calomel ; enfin les préparations les plus incendiaires et les plus surannées ; et presque toujours nous y perdons nos peines, nous autres chétifs médecins français, quand nous demandons le sacrifice de tout cet arsenal.

MM. Vignali et Antommarchi mettent à profit le temps nécessaire à rassembler les pièces que nous venons d'examiner; ils visitent les hôpitaux, et voient ceux de leurs confrères de Londres qui se sont acquis le plus de réputation pour la guérison des *maladies du foie*, et de celles que contractent habituellement les Européens pendant leur séjour dans les climats chauds. Ils quittent l'Angleterre enfin, et M. Antommarchi nous informe que, partis de Rome le 25 février 1819, c'est seulement le 18 septembre suivant qu'ils débarquent à Sainte-Hélène. Une pareille lenteur à se rendre à un poste où ils devaient présumer que leur présence était si nécessaire, ne peut être justifiée que par les difficultés calculées, et les entraves qu'on ne cessa, disent-ils, d'apporter à leur voyage. Depuis sept mois, leur départ d'Europe avait été résolu, et cependant aucun avis n'en avait été transmis à Sainte-Hélène. Ils se présentent pour être admis au service de l'Empereur, sans qu'aucune lettre, aucune recommandation de la part de sa famille, ou au moins de quelque médecin dont le nom soit connu, lui indiquent de quelle part ils lui sont adressés, et le degré de confiance qu'il peut leur accorder : de là la méfiance, la gêne qui règnent dans leurs premiers rapports avec les personnes qui environnent l'Empereur, la répugnance avec laquelle ils sont reçus par lui. Cinq jours entiers se passent en pourparlers, en informations, en allées et venues, et ce n'est qu'après un examen préalable, une sorte d'interrogatoire sévère qu'enfin le médecin missionnaire est rendu à ses premières fonctions: l'Empereur lui confie le soin de sa chapelle. M. Antommarchi nous apprend qu'il est reçu lui-même comme médecin, chirurgien et apothicaire de la petite colonie qui, sur ce rocher, composait toute la maison de l'Empereur.

Le 23 *septembre*, M. Antommarchi est enfin admis auprès de l'Empereur. « Il reposait, dit-il, sur un lit de campagne ; la pièce était éclairée; j'ai pu observer les progrès du mal. L'oreille était dure, la face terreuse, les yeux livides, la conjonctive d'un rouge mêlé de jaune, le corps entier d'un excessif embonpoint, et la peau très pâle. J'examinai la langue, elle était couverte d'un léger enduit blanchâtre; les éternumens étaient violens, prolongés, entrecoupés d'une toux sèche, suivie d'une expectoration visqueuse qui variait d'un moment à l'autre. Les narines étaient cernées, engorgées; la sécrétion de la salive devenait parfois abondante, et le bas-ventre était un peu dur au toucher. Le pouls petit, mais régulier, donnait environ soixante pulsations par minute. Ces symptômes me parurent inquiétans. J'examinai mieux, et m'aperçus que la partie du lobe gauche du foie qui correspond à la région épigastrique était comme endurcie, extrêmement douloureuse à la pression. La vésicule du fiel était pleine, résistante, faisant saillie au dehors de l'hypocondre droit, près du cartilage de la troisième fausse côte. Des souffrances vagues se faisaient sentir dans les régions costales et lombaires du côté droit; une douleur plus ou moins vive s'était fixée autour de la mamelle, et Napoléon éprouvait un sentiment de malaise extrême à l'épaule droite. Sa respiration devenait plus difficile lorsqu'on exerçait une pression perpendiculaire au scrobicule du cœur. Il se plaignait aussi d'une douleur d'intensité variable qui affectait depuis long-temps l'hypocondre droit; elle était interne; il cherchait à en préciser le lieu; il disait qu'elle était à deux pouces de profondeur. Il était depuis quelques jours sans appétit; il avait des nausées, des vomissemens; il rendit des amas de matière, tantôt âcre, tantôt bilieuse. Les urines, quoique fréquentes, étaient naturelles. D'abondantes sueurs avaient lieu chaque jour. »

Sans nous arrêter à la singulière rédaction de cet exposé, nous remarquerons que la *conjonctive d'un rouge mêlé de jaune*, *la langue couverte d'un enduit blanchâtre*, *des éternumens violens*, *prolongés*, *entrecoupés d'une toux sèche*, *suivie d'une expectoration visqueuse*, *la salive abondante*, *et le ventre dur et douloureux au toucher*, sont, pour tout médecin exempt de préoccupation, les signes manifestes d'une inflammation chronique de la membrane qui revêt l'intérieur des tubes digestif et aérien. Dire que dans l'exploration qu'on a faite de l'abdomen d'un homme qui est dans un *état d'obésité maladive excessif*, chez lequel la moindre pression cause une *douleur extrême*, et chez lequel les parois de cette cavité sont dures au toucher ; dire que dans un semblable état on a trouvé la *partie du lobe gauche du foie qui correspond à la région épigastrique*, *comme endurcie* ; *la vésicule du fiel pleine*, *résistante*, *faisant saillie au dehors de l'hypocondre droit*, *près du cartilage de la troisième fausse côte* ; c'est en même temps affirmer une chose impossible, et faire parade de connaissances anatomiques qui ne peuvent imposer qu'à des ignorans. C'est aussi se montrer singulièrement préoccupé de l'idée fixe à laquelle semblent avoir obéi les auteurs des mémoires et consultations que nous avons examinés successivement, que de transformer en moyens positifs de diagnostic de l'éternelle prétendue maladie du foie ces sympômes qui, avec les nausées habituelles et les vomissemens fréquens et abondans, mentionnés plus bas, seront bien plus certainement regardés par tout médecin expérimenté comme les indices d'une affection chronique de l'estomac tendant à l'induration squirrheuse.

Par des *urines fréquentes*, on a voulu dire apparemment que cette excrétion s'opérait chaque fois en petite quantité, et que le besoin se répétait à de courts intervalles. Nous en avons déjà fait connaître la cause, mais il était convenable qu'elle fût indiquée.

Après cet examen de la situation de l'Empereur, dont nous venons de faire connaître les tristes résultats, devait-on s'attendre au récit que M. Antommarchi lui prête sur le régime qu'il suit encore?

Vainement avions-nous cherché jusqu'à ce jour des traces de ce régime, nous n'avions encore rien aperçu qui y eût seulement trait; nous nous doutions bien à peu près de ce qu'il pouvait être, d'après la fausse idée qu'on s'est toujours formée de sa maladie et ce qui nous en avait été rapporté; mais que nous étions loin encore de prévoir comment il était dirigé, et combien il a pu concourir, avec le traitement, à hâter les progrès de cette dernière !

« La constipation m'est habituelle, lui fait dire M. Antommarchi; c'est une incommodité de l'enfance, elle ne m'a jamais quitté; mais elle devient chaque jour plus forte, plus pénible. Sans les bains, les lavemens, je ne pourrais la supporter; je suis parfois obligé d'y joindre les boissons douces, le bouillon aux herbes, la diète. Souvent même tout ce régime ne suffit pas; je suis forcé de recourir à mon remède héroïque, à la soupe à la reine. Les médecins ont la police de la table, il est juste que je vous rende compte de la mienne; voici comment elle est servie : un potage, *deux plats de viande*, un de légume, *une salade* quand je peux en avoir, composent tout le service; *une demi-bouteille de clairet* que j'étends de beaucoup d'eau, me sert de boisson; *j'en bois un peu de pur à la fin du repas*. Quelquefois, lorsque je suis fatigué, *je substitue le champagne au clairet : c'est un moyen sûr d'exciter l'estomac*. Des pommes de terre, des lentilles, des pois, des haricots blancs, des choux-fleurs..., *des côtelettes*, *du gigot, du mouton. Je recherche la partie la plus rôtie, la plus brune;* mais du reste je veux que la cuisine soit simple. Je n'aime pas les cuisiniers qui ne font que de l'esprit. *Un bon étouffé à la génoise, un pilau à la milanaise* et des *tagliarini* à la corse, valent mieux pour moi que toutes les merveilles de l'art de Bauvilliers. »

Lorsque nous sommes consultés par un malade qui déjà a eu recours à un ou à plusieurs autres médecins qui ont indiqué un traitement, sans s'expliquer sur la maladie pour laquelle ils l'ont prescrit, nous avons l'habitude alors de procéder par voie d'induction, et nous cherchons, dans l'ensemble de ce traitement et dans le régime, à connaître la pensée de celui qui les a ordonnés. Agissant ici de la même manière, mais suffisamment informés, et par les explications que nous ont fournies les médecins eux-mêmes, et par la nature du traitement qu'ils se sont tous accordés à conseiller, quelles conséquences ne sommes-nous pas forcés de tirer de l'étrange régime auquel nous trouvons encore aujourd'hui soumis le malade dont on vient de nous dépeindre la situation affligeante! régime que le nouveau médecin consacre par la description qu'il en fait, sans l'improuver par un seul mot de réflexion : preuve certaine que lui, comme les autres, a ignoré jusqu'à ce jour que la maladie eût son siége dans l'estomac. Ignoraient-ils aussi que dans les maladies si communes des organes de la digestion, le régime lui seul peut quelquefois guérir ou tuer le malade? car, de tous les nombreux organes de ce grand et important appareil, l'estomac étant celui qui reçoit le plus directement l'impression des alimens ou des médicamens, s'il est malade, un régime ou un traitement excitateur le désorganise promptement. Malheureusement, quoiqu'on l'ait méconnu, c'est précisément la position dans laquelle était placé l'Empereur.

Cette complaisance blâmable pour le régime qui fut continué jusqu'aux derniers jours de la maladie eut assurément l'influence la plus funeste sur sa déplorable terminaison, et l'eût occasionée plus promptement encore, si l'Empereur, naturellement très sobre, n'y eût de lui-même apporté les modifications les plus favorables (*).

Cherchons maintenant dans le mélange in-

(*) L'Empereur, par son opinion sur l'inefficacité de la plupart des médicamens, et même sur le danger qu'il y a souvent à en prendre, se montre bien supérieur à la plupart des hommes étrangers à la médecine, qui y ont une foi aveugle et croient, que sans drogues on ne pourrait guérir de l'incommodité la plus légère.

forme que ce dernier chirurgien de l'Empereur a décoré du titre de ses *Mémoires*, et tâchons de classer dans un ordre plus méthodique qu'il ne l'a fait tout ce qui a trait à la maladie qui nous occupe ; sa marche progressive nous offrira alors la peinture animée et affligeante de ce grand homme, doué d'une constitution dont la vigueur était peu commune, se débattant encore pendant plus d'une année sous les coups journaliers d'un traitement aussi meurtrier qu'il était absurde.

Le lendemain de son entrée en fonctions, M. Antommarchi oppose aux douleurs abdominales dont se plaint l'Empereur, un liniment composé *d'ammoniaque*, *de camphre* et *d'opium*. Dans les premiers jours d'octobre suivant, les douleurs sont plus vives ; il y a chaleur et fièvre : on propose aussitôt le grand moyen, *le mercure à l'intérieur et à l'extérieur ;* mais heureusement l'Empereur s'y refuse.

L'eau de mer continue à être employée pour le bain sans que le médecin y fasse la moindre attention. Lors même que sa qualité excitante lui aurait été inconnue, son usage était contre-indiqué par l'état scorbutique des gencives (*).

(*) *Une seule goutte de la murine que l'eau de la mer con-*

L'eau employée pour la consommation journalière de la maison de l'Empereur était apportée de plusieurs milles et conservée dans des cuves en bois, où elle ne tardait pas à contracter les qualités les plus désagréables et les plus insalubres. Tant qu'il a été possible à l'Empereur de sortir, il dirigeait souvent sa promenade vers une source, dans une vallée située à un quart de lieue de Longwood, dont il aimait à boire l'eau, qui est d'une limpidité parfaite. C'est en souvenir du bien-être qu'il avait éprouvé en s'y désaltérant qu'il demanda, dans le cas où ses restes ne pourraient pas reposer sur les bords de la Seine, qu'ils fussent au moins déposés sous les saules qui ombragent cette fontaine, dont la fraîcheur avait si souvent apaisé le feu intérieur qui le dévorait. Son corps y fut en effet placé, et y est à présent gardé avec autant de soin que le fut sa personne : non par crainte de profanation, car l'injure ne lui a pas été épargnée pendant sa captivité ; c'est le sort des assassins de César que ses ennemis redoutent ; ils se souviennent qu'à l'aspect du corps sanglant de cette

---

tient en dissolution suffit, dit-on, pour donner la mort à un petit animal.

auguste victime, le grand peuple tout entier s'est soulevé pour le venger.

17 *décembre* 1819. De violentes tranchées de coliques se font sentir, la *douleur au foie* devient insupportable; « *ce sont tous les symptômes d'une entérite;* » on conseille l'*huile de ricin!!!*

Déjà en cet endroit le journal, occupé par des récits de batailles, de traités diplomatiques et d'autres matières absolument étrangères à son objet essentiel, nous laisse pendant l'espace de sept mois sans aucune mention de la maladie dont le sujet nous intéresse si vivement. Vainement nous revenons sur nos pas, nous ne trouvons rien qui ait trait ou à cette maladie ou au traitement qu'on lui opposa; faut-il en attribuer la cause à une de ces époques de relâche si communes dans les affections chroniques viscérales? Nous essaierons de suppléer à cette lacune par une lettre que nous trouvons dans la correspondance de l'auteur des *Mémoires*, et qui fut adressée de Sainte-Hélène au chevalier Colonna, son ami, à Rome.

Sainte-Hélène, Longwood, 18 Juillet 1820.

« MON CHER AMI,

« Vous ne m'avez pas donné de vos nouvelles depuis mon départ d'Europe. Ce silence m'inquiète ; je voudrais savoir comment vous vous portez ; vous serez bien aise aussi de savoir quel est l'état de l'Empereur Napoléon, dont la santé est confiée à mes soins.

« Il y a déjà dix mois que je suis arrivé dans cette île, et je puis vous assurer que je n'ai pas passé un jour, une nuit sans prodiguer à l'illustre malade tous les secours que mon zèle et mes connaissances médicales pouvaient me suggérer. *Je l'ai trouvé atteint d'une hépatite chronique du caractère le plus grave.* Les soins que je lui ai donnés semblaient couronnés du succès; l'Empereur se rétablissait, prenait de l'exercice ; je lui avais conseillé de diriger, ou plutôt de conduire la formation d'un jardin de quelques toises d'étendue autour de son appartement ; mais, tandis que je me berçais des idées les plus flatteuses, j'ai eu la douleur de voir mes espérances détruites et le fruit de plusieurs mois de soins s'évanouir. Ce n'a été qu'une alternative continuelle de bien et de mal ; et, je dois vous l'avouer, je désespère aujourd'hui du succès. L'influence du climat, cause prochaine (immédiate) *de l'hépatite chronique*, est trop opposée à la constitution de l'illustre malade, et trop contraire à l'action de mes remèdes.

« L'Empereur a eu dernièrement une rechute

des plus graves, *fièvre ardente, douleur vive et profonde au foie; douleur pulsative aiguë dans l'articulation de la jambe avec le pied droit. Inflammation érysipélateuse, qui s'étendait sur le dos du pied et le tiers inférieur de la jambe.* Ces accidens, je n'hésite pas à le dire, *sont dus au désordre des voies digestives et à l'altération des fonctions de l'organe biliaire.* Toutefois, l'état du malade ne présente pas un danger imminent, mais bannit toute espérance de guérison dans un climat placé sous le tropique. Peu à peu les effets morbifiques s'étendent, s'aggravent, et je crains que mes soins et mes vœux ne soient bientôt aussi cruellement trompés que vos espérances.

« J'avais d'abord cru devoir mettre sous les yeux de S. Em. le cardinal Fesch un rapport détaillé sur l'état de la santé de l'Empereur Napoléon; mais la crainte d'augmenter par un si triste tableau les chagrins de Madame mère m'a déterminé à vous l'adresser; vous ferez de ma lettre l'usage qui vous paraîtra le plus convenable auprès de la famille de Sa Majesté.

« Agréez, je vous prie, les témoignages du sincère attachement avec lequel j'ai l'honneur d'être,

Votre affectionné ami,

ANTOMMARCHI. »

S'il nous était resté quelque doute sur le diagnostic que M. Antommarchi avait porté sur la maladie qu'il devait guérir, le soin qu'il prend d'en informer, en plusieurs endroits de sa lettre, son ami et la famille de l'Empereur, nous tirerait d'incertitude. Nous voilà bien avertis, son erreur est complète; s'il aperçoit l'affection de l'une des parties les plus importantes du canal digestif et l'inflammation symptomatique de l'articulation tibio-tarsienne, il n'en persiste pas moins dans l'idée que c'est à une maladie du foie qu'il a surtout affaire. Cette singulière préoccupation eût été de peu d'importance si on eût appliqué à cette dernière maladie le traitement rationnel qui convient aussi bien à l'autre; mais nous allons être témoins des fautes les plus graves, les plus irrémédiables; car, au lieu de s'en tenir à la marche tracée par les travaux des médecins les plus distingués de notre époque, celui-ci va chercher dans les vieilles doctrines une direction tout-à-fait étrangère aux résultats des recherches de l'anatomie pathologique.

Mais continuons, et tâchons de trouver quelque motif de tranquillité sur les craintes qu'ont pu nous faire concevoir et l'erreur dans le diagnostic et les premiers pas que nous avons vu faire dans le traitement. Nous reprenons notre analyse au 19 septembre 1820, et nous voyons que « les symptômes morbifiques n'ont rien perdu de leur intensité. Le malade éprouve *au foie* des douleurs beaucoup plus vives qu'auparavant. »

Le surlendemain, on conseille *les toniques* à l'intérieur.

22 *septembre.* « Napoléon veut prendre l'air; il essaie de marcher; il monte à cheval, en calèche; la fatigue, le malaise, se font bientôt sentir, il rentre et se met au lit.

« 27 *idem.* La nuit a été mauvaise, la *douleur au foie* devient plus vive, s'étend sur toute la région costale droite, et se prolonge jusqu'à l'épaule. *Des douleurs aiguës se font sentir dans les intestins; toux sèche, nausées fréquentes, vomissemens bilieux, céphalalgie, oppression;* enfin, *peau pâle, jaunâtre.* Le malade refuse de prendre de l'eau de riz. Je crois devoir prescrire un *purgatif cholagogue*, qui fit merveille, *des boissons anodines, des lavemens simples, des fomentations et des linimens.* »

Le 4 octobre. Il boit trois verres de vin de Champagne.

5 *id. La douleur au foie* est beaucoup augmentée.

10 *oct.* L'Empereur est si faible, qu'en sortant du bain il s'est presqu'évanoui.

15 *id.* Application de deux vésicatoires au bras ; agitation toute la journée ; coliques, suivies de fréquentes évacuations.

25 *id.* L'Empereur est extrêmement souffrant, découragé ; *il parle de l'ouverture qu'on devra faire de son corps*, dans l'intérêt de son fils.

29 *id.* Évacuations de matières mal élaborées.

31 *id.* La diarrhée est augmentée ; il y a jusqu'à onze évacuations en vingt-quatre heures.

Premiers jours de novembre. Vomissemens plus fréquens, toux abdominale ; douleurs intestinales, contre lesquelles on prescrit *un liniment ammoniacal, opiacé, sur le bas-ventre*, et *des bains d'eau salée.*

18 *id.* Application d'un cautère au bras.

A la fin de nov., cet état s'aggrave : il y a des vomissemens fréquens. On conseille *des pilules toniques, composées de trois grains ext. aq. de quinquina, et d'un quart d'opium de Baumé.*

Le 29, l'Empereur prend *trois pilules toniques*, il est saisi d'une toux sèche, extrêmement fatigante; il ne veut plus des pilules.

Pendant tout le courant de décembre, l'état est le même ; on reprend l'usage des pilules toniques, dont on augmente la dose; la diarrhée, la toux, etc., reparaissent. On conseille le *sirop d'éther*.

8 *janvier* 1821. « L'Empereur *prend ses pilules toniques ;* sa santé n'éprouve cependant aucune espèce d'amélioration ; au contraire, les évacuations alvines deviennent plus fréquentes, et sont toujours de même nature. »

10 *id.* Les évacuations sont plus fréquentes encore ; *on lui présente les pilules*, il les repousse, et dit ironiquement : « L'effet en est si sensible, que ce n'est pas la peine ; serrez-les, je regorge de santé depuis que j'en prends. Si je dois mourir, je veux du moins que ce soit de maladie. »

22 *id. On essaie encore de le décider à prendre des médicamens.* Il répond : « Laissez-moi avec vos médecines ! je vous ai déjà dit cent fois qu'elles ne me valent rien ; je connais mieux que vous ma maladie et mon tempérament. »

23 *id.* Il dit : « Si du moins je pouvais supporter la calèche ; *mais les cahots me donnent des nausées ; et le mouvement du cheval, c'est encore pis.* »

28 et 29 *id.* Toux sèche, bouche aride, soif ardente, sensation pénible dans l'estomac ; vomissemens. On insiste sur les drogues, il refuse.

11 *février.* Distension du bas-ventre par

les gaz ; toux sèche, bouche aride, soif insatiable : on prescrit *une potion anodine et une mixture amère ; vomissemens.*

21 *id.* Même état : pilules toniques. Il boit du *claret.*

4 *mars.* Même prescription ; état pire ; « il ne *présente plus que l'aspect d'un cadavre.* » On lui sert, en présence du médecin, *deux côtelettes d'agneau*, qu'il ne peut manger.

7 *id. On lui sert de l'agneau rôti*, *des pommes de terre frites*, *du café :* il y touche à peine, et néanmoins s'en trouve dérangé.

8 *id.* Bas-ventre météorisé, *pilules toniques*, vomissemens.

9 *id. Frictions éthérées sur l'abdomen.*

10 et 11 *id. Pilules toniques.*

15 *id.* L'Empereur dit : « Comme je souffre !.. Je ne sens plus mes entrailles ; il me semble que je n'ai plus de bas-ventre. Tout le mal que j'éprouve est vers la rate et l'extrêmité gauche de l'estomac ; je le sens, ma mort ne peut être éloignée ! »

Tous les viscères de l'abdomen semblent être compromis : la douleur habituelle qui s'y fait ressentir, réveillée par le plus léger mouvement et le moindre contact ; la chaleur âcre ; la soif insatiable, la sécheresse de la peau, et surtout le météorisme du ventre, nous signalent assez l'apparition d'une complication funeste, la péritonite, si commune dans les inflammations des organes abdominaux ; et la marche du traitement n'en est point modifiée! On ajoute même encore *aux amers*, *aux toniques*, *aux opiacés*; à l'intérieur, *des frictions éthérées sur le bas-ventre*, et *des linimens ammoniacaux!....*

20 *mars*. La fièvre redouble, et se complique de froid glacial, surtout aux extrémités inférieures : le bas-ventre se météorise de nouveau; la respiration devient très-difficile, et une vive douleur se fait sentir dans tous les viscères de l'abdomen : fomentations sèches sur l'abdomen, *frictions éthérées*, *lavemens anodins*, *huile de ricin*.

Sur quoi peut être fondée une persévérance si aveugle dans des moyens qu'on nous montre constamment suivis d'une exaspération toujours croissante dans le mal ? Comment l'auteur de la lettre que nous allons mettre sous les yeux du lecteur, lettre qui eût suffi au plus obscur officier de santé de nos campagnes pour se former une idée claire de la maladie qui y est retracée, et pour lui faire adopter un traitement rationnel, comment son auteur, disons-nous, n'a-t-il pas été frappé lui-même de l'image si vraie qui résulte des groupes de symptômes qu'il a réunis ?

Le 17 mars 1821, le docteur Antommarchi écrivait au chevalier Siméon Colonna :

« CHER AMI,

« Par ma précédente du 18 juillet de l'année passée, je vous entretenais de la maladie (*hépatie chronique*) endémique de ces climats, dont sa majesté l'Empereur Napoléon était attaqué, des améliorations qu'on avait obtenues par un traitement long et raisonné, améliorations suivies bientôt d'une alternative de rechutes considérables, arrivées à cette époque. Continuant maintenant à vous rendre compte de cette maladie, je vous dirai que l'état de la santé de Sa Majesté a, depuis cette époque, empiré de jour en jour; de manière que, depuis environ six mois, cette maladie *des viscères biliaires* a fait de tels progrès que *les fonctions hépatiques* ont été tout-à-fait troublées, *et conséquemment les fonctions digestives presque anéanties.*

« Sa Majesté *est maintenant réduite à ne pouvoir se nourrir que d'une petite quantité de substances liquides et d'un passage facile, qui ne sont presque pas décomposées par les vaisseaux absorbans du système lymphatique des voies alimentaires. Il n'est pas encore constant que cette nourriture composée de substances liquides soit bien reçue dans l'estomac de Sa Majesté, puisque souvent, peu après l'avoir prise, ou même en la prenant, il est forcé de la rejeter.*

« En conséquence, pour me décharger de toute responsabilité, je déclare ouvertement à la famille impériale et à l'Europe entière que les progrès de la maladie qui affecte Sa Majesté dans ce climat, cause prochaine (immédiate) de semblables maladies, et les symptômes qui l'accompagnent, sont très graves.

« Mon cher ami, l'art ne peut rien contre l'action constante du climat; et, si le gouvernement anglais ne se hâte de le tirer de cette atmosphère destructive, bientôt Sa Majesté, je le dis avec douleur, aura rendu ses dépouilles à la terre.

« Ce n'est pas certainement l'insuffisance de l'art médical qu'il en faudra accuser, mais la malheureuse et désolante situation où se trouve Sa Majesté.

« Honorez-moi toujours de votre affection, et faites agréer mes respectueux complimens à nos amis communs.

« Je suis avec une véritable estime,
votre ami très dévoué,

P. Antommarchi. »

« *P. S.* La preuve du fait incontestable que je viens d'exposer doit détruire, sans doute, les assertions gratuites des journaux anglais relativement à la bonne santé dont ils prétendent que Sa Majesté continue à jouir dans ce lieu. »

« *Pour copie conforme*,

Signé la princesse PAULINE BORGHÈSE. »

21 *mars.* On propose l'émétique; l'Empereur s'y refuse long-temps; il consent enfin à prendre une potion émétisée.

22 *id.* Douleurs vagues, qui se font sentir tantôt au foie, tantôt à l'estomac, et parfois aux autres viscères de l'abdomen. Redoublement de la fièvre avec froid; douleur de tête et météorisme de l'abdomen. Le malade éprouve une assez forte oppression à la région épigastrique, et un sentiment de suffocation *causé par une surabondance de glaires sécrétées dans les voies aériennes et digestives. A l'insu de l'Empereur on lui administre encore l'émétique* (*); mais, dit le journal, ON CONSEILLE INUTILEMENT L'EMPLOI D'UNE LÉGÈRE DÉCOCTION DE CHIENDENT.

23 *id.* Même prescription, suivie d'une

(*) Nous avons appris que l'Empereur, indigné qu'on se fût permis de le tromper ainsi, en manifesta vivement son juste mécontentement.

exacerbation de la fièvre, froid glacial aux extrémités inférieures, météorisme, bâillemens, sentiment douloureux dans les viscères abdominaux, oppression de l'estomac, forte constipation.

24 *mars*. *Lavement composé*, ÉMÉTIQUE, suivi bientôt après des mêmes accidens que ci-dessus.

25 *idem*. Même état, même prescription, à laquelle l'Empereur se refuse.

Le docteur Arnott, chirurgien du 20e régiment, est appelé en consultation; il propose, sans voir le malade, 1° *d'appliquer un large vésicatoire sur toute la région abdominale*;

2° *D'administrer un purgatif*;

3° De faire de fréquentes aspersions de vinaigre sur le front.

L'Empereur rejette ces moyens. « C'est là, dit-il, de la médecine anglaise! »

Voilà, il faut en convenir, un résultat auquel il était impossible de s'attendre, quelque idée qu'on ait pu se former de la manière anglaise. Le nouveau médecin faisant une proposition, qu'on ne taxera pas d'insignifiante, nous devons supposer qu'il s'est trouvé suffisamment informé, et que la conférence a été pour lui claire et décisive; et c'est à des symptômes non équivoques de gastrite et de péritonite sur-excitées qu'il oppose *un purgatif et un large vésicatoire sur les parois abdominales!*... Poursuivons notre tâche; malheureusement nous ne sommes pas au bout, et le nouveau médecin qui apparaît ici ne va pas la rendre plus facile.

27 *mars*. Le bas-ventre est tendu, douloureux au tact. On prescrit une *mixture saline*.

28 *idem*. *Lavement composé*, suivi d'une évacuation abondante de *matières pituiteuses, denses et glutineuses*. Bas-ventre tendu, douloureux. On propose l'emploi *d'un purgatif doux*; « mais l'Empereur n'en a pas entendu le nom, qu'il fait mine de céder au sommeil, laisse tomber sa tête sur sa poitrine, et s'étend dans son lit. J'essaie tous les lieux communs d'usage; il m'écoute, les yeux fermés, et poussant un profond soupir, dès qu'il entend que j'ai achevé mon homélie : « Que disiez-vous, docteur? » Je recommençai; il recommença, et m'éconduisit ainsi. »

29 *id*. « La maladie faisait des progrès rapides; je reviens encore à la charge, et, au risque de lui déplaire, je suppliai Napoléon de ne pas se refuser plus long-temps aux secours de l'art. Il ne répondit rien, resta quelques instans pensif, et me dit : « Vous avez raison; je verrai : pour le moment vos soins me sont inutiles, vous pouvez vous retirer. »

8

« Je me retirai; mais un instant avait suffi pour le rendre à sa bonté naturelle : je n'étais pas dans ma chambre qu'il me fit chercher, et me dit qu'il voulait être désormais plus respectueux envers la médecine, qu'il ne lui manquerait plus, et ne révoquerait plus en doute son efficacité.» — «Mais, Sire, les remèdes ! Votre Majesté consentira-t-elle à les prendre ?» — «Ah ! répliqua-t-il d'un ton qui peignait son excessive répugnance, cela est peut-être au-dessus de mes forces : c'est une chose inouïe que l'aversion que je porte aux médicamens. Je courais les dangers avec indifférence; je voyais la mort sans émotion, et je ne peux, quelque effort que je fasse, approcher de mes lèvres un vase qui renferme la plus légère préparation. Mais c'est qu'aussi je suis un enfant gâté qui n'a jamais eu affaire de médecine. » S'adressant ensuite à madame Bertrand : « Comment faites-vous pour prendre toutes ces pilules, toutes ces drogues que vous prescrit sans cesse le docteur ? » — « Je les prends sans y penser, lui répondit-elle; et je conseille à Votre Majesté d'en faire autant. » Il secoua la tête, adressa la même question au général Montholon, à ses valets de chambre, qui avaient tous été plus ou moins malades. Il reçut de chacun la même réponse, et me dit :

« Je suis donc le seul ici qui soit rebelle à la médecine; je ne veux plus l'être : donnez. » *Je lui passai dix grains d'extrait de rhubarbe; il les prit et eut une évacuation abondante de matières glaireuses.*

« 30 *mars.* La nuit a été extrêmement agitée. Le malade a pris, à une heure du matin, un *lavement* composé, qu'il a rendu bientôt après, *avec beaucoup de matières glaireuses.* Treize heures après, on administre *six grains d'extrait de rhubarbe*, *qui déterminent un vomissement très abondant de glaires.* Une heure et demie après, exacerbation de la fièvre, avec douleur de tête et froid glacial aux extrémités inférieures. La fièvre continue le reste du jour sans rien perdre de son intensité. — La nuit est agitée. Les symptômes se soutiennent, l'exacerbation de la fièvre se complique d'une forte tension du bas-ventre, de violens borborygmes, d'une sensation douloureuse, et d'une chaleur presque insupportable dans l'abdomen et dans la poitrine. »

1er *avril.* — *Lavement composé, suivi d'une chaleur brûlante et d'une violente tension du bas-ventre.* — Pesanteur de tête, — toux sèche, fréquente et insupportable.

Le docteur Arnott est admis auprès de l'Empereur, dont il palpe le ventre et touche le pouls. Le résultat de cette visite n'est point indiqué.

Le lendemain, le même médecin revoit l'Empereur, qui se plaint à lui de souffrir beaucoup *de l'estomac et de l'abdomen*. Le docteur, après son examen, propose l'*alimentation animale*, et l'usage *de pilules composées d'extrait d'aloès succotrin, de savon dur et d'huile de carvi.*

3 *avril. Deux lavemens composés*, qui ont les mêmes résultats que les précédens, c'est-à-dire des évacuations abondantes et l'exaspération de tous les accidens.

4 et 5 *idem*. Même prescription, mêmes résultats.

L'Empereur prend une des *pilules d'extrait d'aloès*, dont l'effet est de produire une soif ardente.

6 *idem*. L'Empereur prend *deux pilules purgatives*. « Nous lui proposons, dit l'auteur du journal, l'*usage des cordiaux*, de la *décoction de quinquina surtout.*

7 *idem*. « Il prend une *pilule purgative*; on insiste sur l'usage *de la décoction de quinquina.* »

Il prend une soupe d'arroow-root, et un peu d'eau et de *claret.*

8 *idem*. Soupe d'arrow-root, deux biscuits et *un peu de vin muscat de Frontignan.* « Le

malade, dit encore le journal, consent à faire usage *d'une once de décoction de quinquina mêlée avec quelques gouttes de teinture spiritueuse du même médicament.* »

9 *avril.* L'Empereur, à trois heures du matin, a pris *une once de décoction de quinquina avec la teinture spiritueuse du même médicament*, et, au point du jour, il a eu des vomissemens de matières glaireuses.

10 *idem.* Le docteur Arnott, après un nouvel examen, AFFIRME QUE LE FOIE N'EST PAS MALADE, ET QUE LE SIÉGE DE LA MALADIE EST A L'ESTOMAC.

Ce trait de lumière inattendu et trop tardif n'a pas même pour résultat de modifier le traitement; car, dès le lendemain, les vomissemens devenant de plus en plus fréquens, on prescrit une *mixture anti-émétique*, *anodine*, *opiacée*, *une cuillerée d'eau distillée de cannelle*, mêlée avec de l'eau commune; *deux cuillerées de vin muscat de Frontignan*; *pilule purgative*; *deux cuillerées de vin de Bordeaux*. Exacerbation des vomissemens, de la chaleur, des douleurs intestinales, etc.

12 *id.* *Claret quatre cuillerées*; *soupe au vin chaud.*

12. *id.* Toujours de la gélatine animale, qui est presque aussitôt rendue.

13 *avril.* On insiste *sur les pilules purgatives.* Il *prend la dose accoutumée de décoction et de teinture de quinquina.* Soupe d'arroow-root.

14 *id.* Dès sept heures du matin, le malade prend du thé acidulé avec du suc de citron ; à huit heures, du chocolat : à neuf heures et demie, *une soupe au vin chaud*, et à dix heures il mange deux gauffres.

15 *id. Décoction de quinquina.*

17 *id.* Même prescription, et *de plus on propose des pilules cathartiques* ; *claret.*

Le docteur Arnott, qui persiste dans sa nouvelle opinion, *que c'est l'estomac qui est le siége du mal*, essaie encore, mais en vain, de faire partager cette opinion à M. Antommarchi.

18 *id.* On propose cependant à l'Empereur quelques médicamens « Non, répond-il du ton d'un homme qui a pris son parti ; l'Angleterre réclame mon cadavre, je ne veux pas la faire attendre, et mourrai bien sans drogues. » Puis, s'adressant au médecin anglais : « C'est votre ministère, lui dit-il, qui a choisi cet affreux rocher où se consume en moins de trois ans la vie des Européens, pour y achever la mienne par un assassinat. Et comment m'avez-vous traité, depuis que je suis sur cet écueil ? Il n'y

a pas une indignité, pas une horreur, dont vous ne vous soyez fait une joie de m'abreuver Les plus simples communications de famille, celles même qu'on n'a jamais interdites à personne, vous me les avez refusées. Vous n'avez laissé arriver jusqu'à moi aucune nouvelle, aucun papier d'Europe; ma femme, mon fils n'ont plus vécu pour moi; vous m'avez tenu six ans dans la torture du secret. Dans cet île inhospitalière, vous m'avez donné pour demeure l'endroit le moins fait pour être habité, celui où le climat meurtrier du tropique se fait le plus sentir. Il m'a fallu me renfermer entre quatre cloisons, dans un air mal sain, moi qui parcourais à cheval toute l'Europe! Vous m'avez assassiné longuement, en détail, avec préméditation; et l'infâme Hudson a été l'exécuteur des hautes-œuvres de vos ministres. »

22 *avril*. Les accidens sont fort aggravés; on fait prendre la potion suivante :

Magnesiæ sulphatis ʒ vj. *Solve in aquæ puræ octa. Adde infus. gentianæ compositæ* ℥ vj, *et tinct. compositæ ejusdem* ℥ß.

F. mixtura, cujus sumat cochlearia tria ampla subinde.

Des vomissemens, une exacerbation de la

fièvre, une extrême loquacité, sont les résultats apparens de cette prescription.

23 *avril. Même potion , mixture salino-amère.*

24 *id. Un peu de vin de Bordeaux.* Vomissemens fréquens de matières noires et fétides, *mêlées de stries de sang.* On fait prendre *trois cuillerées de la mixture salino-amère.*

Quelques jours s'écoulent dans des alternatives de mieux, de pire, et dans les soins qu'exige de la part de l'Empereur une prévoyance réparatrice et bienveillante pour les compagnons de son exil et ceux qu'il sait avoir souffert à cause de lui. On espère encore autour de lui, lui seul il ne s'abuse pas.

28 *idem.* L'Empereur , adoptant l'opinion émise par le docteur Arnott, *que c'est l'estomac qui est le siége d'une maladie organique*, enjoint à son médecin de faire, après sa mort, qu'il regarde comme prochaine, l'ouverture de son corps. Il lui recommande surtout d'examiner attentivement l'*estomac.* « Les vomissemens qui se succèdent, presque sans interruption , me font penser, dit-il, que l'estomac est celui de mes organes qui est le plus malade; et je ne suis pas éloigné de croire qu'il est atteint de la lésion qui conduisit mon père au tombeau, je veux dire d'un squirrhe au pylore..

Docteur, je vous le recommande encore; portez le plus grand soin dans l'examen du pylore; consignez vos observations sur le papier, vous les soumettrez à mon fils; *je veux du moins le garantir de cette maladie* (*). »

Le même jour, la potion suivante est encore prescrite :

℞ *Aquæ menthæ viridis* ℥ j. *Potassæ subcarbonatis* ℈ j. *Succi lim. recentis*, *q. s. ad saturand.*

Tincturæ columbæ, *minim.* xxx.

℞ *Idem opii*, *minim.* v. *Misce ut fiat haustus*, *sextâ quâque hora sumendus.*

30 *avril.* Application de plusieurs vésicatoires, qui restent sans effet. On propose plusieurs médicamens, que l'Empereur refuse.

Les accidens ordinaires se compliquent de hoquets, de suffocations, de froid, de l'intermittence du pouls, qui donne souvent cent pulsations.

1er *mai.* Les accidens s'aggravent de plus en plus.

2 *id.* Il y a délire.

3 *id.* Le docteur Arnott propose l'emploi

(*) Voyez ce que nous avons dit à ce sujet dans notre IIe chapitre.

du lait; mais M. Antommarchi dit qu'il s'y opposa de toutes ses forces, «*attendu que le lait est naturellement pesant et indigeste.*» Le docteur anglais ne se rendant pas, « j'insistai , ajoute « le premier; nous eûmes une discussion des plus « vives; *je réussis néanmoins à empêcher qu'on « administrât du lait à l'Empereur mourant.* »

Le même jour, un ordre du gouverneur de l'île enjoint aux deux médecins qui voyaient habituellement l'Empereur, MM. Antommarchi et Arnott, de conférer avec les docteurs Schort et Mitchell.

N'ayant pu être admis près du malade, ces derniers, après avoir entendu l'historique de la maladie, conseillent, avec M. Arnott, *l'usage d'un purgatif, composé de dix grains de calomel, qui est administré, et qu'on propose de réitérer trois heures après.*

4 *mai.* Délire; symptômes d'agonie. Son fils occupe ses dernières pensées, souvent il le nomme ; et, dans ce moment suprême, son regard reste attaché sur son image.

5 *mai.* A six heures moins onze minutes du soir, le crime se consomme, l'Empereur meurt.

Arrêtons-nous un moment : ce grand homme a cessé de souffrir, tout est fini pour lui! modérons l'indignation qui nous domine, notre mission n'est point achevée : essayons de remplir avec calme le plus grand, le dernier de nos devoirs, celui d'arracher entièrement le voile que nos efforts ont déjà, nous l'espérons, presque entièrement soulevé. Avant de chercher sur ses tristes débris les traces de la maladie à laquelle l'Empereur vient de succomber si douloureusement, essayons de présenter avec quelque ordre les réflexions affligeantes dans lesquelles le lecteur nous a déjà devancé, et que nous suscite en foule l'affreux traitement que nous n'avons pu voir sans un sentiment d'effroi se déployer sous nos yeux.

Reprenons l'examen critique de ce traitement désordonné au point où nous l'avons laissé, c'est-à-dire au moment où le dernier chirurgien de l'Empereur, M. Antommarchi, en prend la direction.

Nous avons vu ce médecin arrivant à Sainte-Hélène tout pénétré de l'idée qu'il va avoir à s'occuper d'une maladie du foie, bien confirmé dans cette idée par l'opinion qu'ont eue et le médecin auquel il succède et tous ceux qui ont été consultés depuis, au nombre desquels se trouvaient quelques hommes dont la position et la réputation étaient faites pour lui imposer.

Admis auprès de l'Empereur, il est frappé, dit-il, des progrès qu'a faits la maladie; il était bien éloigné de le croire dans un état aussi grave. Tout ce qu'il apprend, tout ce qu'il voit est bien peu propre à lui faire espérer de voir ses soins couronnés de quelques succès. Il interroge, il palpe, il examine; nous attendons avec anxiété, espérant de lui, que nous ne connaissons pas encore, qu'il trouvera dans ses propres lumières, dans les récits qui lui sont faits, et dans les symptômes plus prononcés d'une maladie dont les progrès, toujours croissans, ne laissent maintenant plus rien à deviner sur sa nature, des motifs suffisans d'étonnement et d'un juste blâme pour tout ce qui a été fait jusqu'à ce moment. Envisageant la maladie sous son véritable point de vue, le nouveau médecin va sans doute revenir à un traitement plus rationnel; et, gémissant comme nous de tout le mal qui a été fait, il va s'efforcer de le réparer autant qu'il est en lui : les circonstances sont bien favorables, et les succès assurés qui l'attendent vont lui mériter la confiance de son malade et la reconnaissance de ceux qui l'entourent. Vain espoir! sa marche est tracée, ses premiers pas nous apprennent sa persévérance dans une routine aveugle: les derniers jours de l'Empereur sont maintenant comptés ; et ses douleurs, loin d'être allégées, seront chaque jour augmentées encore. On le fera mourir sur un brasier sans cesse attisé par les drogues incendiaires de la vieille apothicairerie.

A l'arrivée de M. Antommarchi, l'état de l'Empereur était grave ; mais, suivant ce qu'en rapporte ce médecin lui-même, sa maladie n'était pas absolument sans remède. Tout ce que ce dernier savait du mauvais succès des moyens tentés avant lui ne suffisait-il pas pour l'engager à suivre une autre marche ? S'il eût seulement fait un pas dans la direction opposée à celle qui lui était tracée par les médecins qu'il avait vus en Europe, et qu'il s'est cru si malheureusement obligé de suivre en aveugle, quels n'eussent point été ses succès après le traitement perturbateur auquel l'Empereur avait été soumis, et auquel il en eût opposé un tout différent ! Mais il a méconnu l'avantage de sa position, et s'est attiré à juste titre le reproche d'avoir rendu incurable une maladie qu'on pouvait peut-être encore guérir. Lors même que tout espoir d'une guérison parfaite eût été perdu, s'il fût revenu à un traitement plus rationnel, du moins il pouvait raisonnablement espérer de prolonger la vie de son auguste malade de plusieurs années peut-être. Et qui peut prévoir alors si l'Empereur étant soustrait à l'influence funeste du climat, rassuré sur le sort de son fils, de sa famille, et sur le sien propre, enfin étant confié aux soins de médecins plus habiles, n'eût point été conservé longtemps encore à tous ces objets de ses affections?

Une si belle chance ne fut pas même aperçue; et, malgré le mauvais résultat des premières tentatives dans l'emploi du mercure à une époque où l'irritation de l'estomac paraissait être beaucoup moindre, au moment où les progrès de la maladie, qui avaient été fort rapides, la présentaient au nouveau médecin comme étant fort aggravée, ce médicament est encore le premier que, dès son début, propose M. Antommarchi! A des symptômes non équivoques d'entérite, reconnus comme tels par lui-même, il oppose les purgatifs! Lorsque la diarrhée se manifeste, que la matière en est mal élaborée, que les vomissemens se succèdent, le régime, point essentiel, et qui, particulièrement dans cette maladie, était à lui seul un traitement tout entier s'il eût été bien dirigé, n'est aucunement changé: les viandes, le vin, le café, figurent dans ce régime, comme dans celui d'un homme dont la santé n'eût été aucunement dérangée! L'abdomen se météorise, la moindre pression et le plus léger mouvement y développent de vives douleurs; il y a chaleur, sécheresse de la peau, de la toux et de la fièvre : on met en usage *les toniques*, *les amers*, *les sirops d'éther*, *les lavemens purgatifs* à l'intérieur, et *des frictions ammoniacées ou éthérées* sur le ventre ! Des nausées continuelles, des vomissemens, une anxiété inexprimable, sont le résultat immédiat et constant d'une telle médication, à laquelle on ajoute *des mixtures salines ;* enfin, nonobstant ces accidens et la maladie de la vessie et du canal de l'urètre, on prodigue les vésicatoires, sans les saignées préalables, même sur le ventre ! Les heureux résultats des saignées locales, ou à l'anus, dans de semblables cas, ne paraissent pas avoir été connus par les médecins, car on ne voit aucun indice qu'ils y aient eu recours.

De jour en jour la maladie devient plus grave; l'effet d'une médication si turbulente, si incendiaire, est de développer une péritonite des plus intenses et de faire revêtir à l'affection primitive tous les caractères d'une inflammation suraiguë, à laquelle on oppose, avec une confiance sans exemple, tous les excitans les plus énergiques, tels que *l'eau distillée de cannelle*, *la teinture spiritueuse du quinquina*, *des pilules d'aloès*, *une mixture salino-amère! etc.* Les excoriations occasionées par le long séjour dans le lit sont pansées avec des compresses imbibées d'eau de Cologne! etc. etc. Enfin, encouragé par le concours des médecins anglais, M. Antommarchi, jusqu'au dernier jour de l'Empereur, se livre avec eux à une médication si effrayante, qu'il est impossible d'en comprendre les motifs, à moins de supposer que, dans ces derniers temps, effrayé de la responsabilité et des progrès de la maladie, il n'ait agi comme il n'est que trop commun de voir agir en pareil cas les médecins des grands, et qu'il n'ait absolument perdu la tête.

A bien considérer l'influence répétée d'un pareil traitement, qui n'a que trop bien secondé les vues iniques de ceux qui tenaient en leurs mains la vie de l'Empereur, on ne peut s'empêcher d'être étonné que les progrès de cette cruelle maladie n'aient pas été plus rapides; et rien ne prouve davantage, selon nous, la vigueur de la constitution de l'Empereur que la longue résistance qu'elle a opposée aux funestes effets d'un traitement aussi insensé.

CHAPITRE V.

Réflexions sur l'ouverture du corps de l'Empereur.

Il ne nous reste plus maintenant qu'à comparer le résultat des recherches faites sur le corps de l'illustre et malheureuse victime dont nous venons d'observer la longue agonie. Les deux rapports qui en ont été rédigés séparément par M. Antommarchi et les médecins anglais nommés d'office pour assister à cette triste opération, sont différens en plusieurs points. Voyons comment, en présence des restes inanimés de ce grand homme, ces médecins essaieront de justifier leur déplorable conduite pendant tout le cours de sa maladie.

Nous commencerons par le rapport de M. Antommarchi, parce qu'il nous paraît le plus complet, et que sa rédaction, plus détaillée que celle du rapport des médecins anglais, nous fournira aussi d'une manière plus positive les moyens de reconnaître les traces qu'aura dû laisser la maladie qui a fait l'objet de ces recherches.

Procès verbal de l'ouverture du corps de l'Empereur par M. Antommarchi, vingt heures et demie après la mort.

«Les généraux Bertrand et Montholon, et Marchand, exécuteurs testamentaires, assistèrent à cette opération pénible (l'autopsie), à laquelle se trouvèrent aussi sir Thomas Reade, quelques officiers d'état major, les docteurs Thomas Schort, Arnott, Charles Mitchell, Matthieu Livingstone, chirurgien de la Compagnie des Indes; et autres médecins, au nombre de huit, que j'avais invités.

« Napoléon avait destiné ses cheveux aux divers membres de sa famille; on le rasait : je vérifiai quelques remarques que j'avais déjà faites; voici les principales :

« 1° L'Empereur avait considérablement maigri, depuis mon arrivée à Sainte-Hélène; il n'était pas en volume le quart de ce qu'il était auparavant.

« 2° Le visage et le corps étaient pâles; mais sans altération, sans aspect cadavéreux. La physionomie était belle, les yeux fermés; et on eût dit non que l'Empereur était mort, mais qu'il dormait d'un profond sommeil. Sa bouche conservait l'expression du sourire, à cela près que du côté gauche elle était légèrement contractée par le rire sardonique.

« 3° Le corps présentait la plaie d'un cautère fait au bras gauche, et plusieurs cicatrices, savoir : une à la tête, trois à la jambe gauche, dont une sur la malléole externe, une cinquième à l'extrémité du doigt annulaire de la main gauche ; enfin il y en avait un assez grand nombre sur la cuisse gauche.

« 4° La hauteur totale, du sommet de la tête aux talons, était de 5 pieds 2 pouces et 4 lignes.

« 5° L'étendue comprise entre ses deux bras, en partant des extrémités des deux doigts du milieu, était de 5 pieds 2 pouces.

« 6° De la symphise du pubis au sommet de la tête, il y avait 2 pieds 7 pouces 4 lignes.

« 7° Du pubis au calcaneum, 2 pieds 7 p.

« 8° Du sommet de la tête au menton, 7 pouces et 6 lignes.

« 9° La tête avait 20 pouces et 10 lignes de circonférence ; le front était haut, les tempes légèrement déprimées, les régions sincipitales très fortes et très évasées.

« 10° Cheveux rares et de couleur châtain clair.

« 11° Cou un peu court, mais assez normal.

« 12° Poitrine large et d'une bonne conformation.

« 13° Abdomen très météorisé et volumineux.

« 14° Les mains, les pieds un peu petits, mais beaux et bien faits.

« 15° Membres tendus et raides.

« 16° Toutes les autres parties du corps étaient à peu près dans les proportions ordinaires.

« Je fus curieux de faire à ce grand homme l'application du système crâniologique des docteurs Spurzheim et Gall ; voici les signes les plus apparens qu'offrit sa tête :

« 1° Organe de la dissimulation.

« 2° Organe des conquêtes.

« 3° Organe de la bienveillance.

« 4° Organe de l'imagination.

« 5° Organe de l'ambition, de l'amour de la gloire.

« Sous le rapport des facultés intellectuelles, je trouvai :

« 1° Organe de l'individualité, ou connaissance des individus et des choses.

« 2° Organe de la localité, des rapports de l'espace.

« 3° Organe du calcul.

« 4° Organe de la comparaison.

« 5° Organe de la causalité, de l'esprit d'induction, de tête philosophique.

« Le cadavre était gisant depuis vingt heures et demie. Je procédai à l'autopsie ; j'ouvris d'abord la poitrine. Voici ce que j'observai de plus remarquable :

« Les cartilages costaux sont en grande partie ossifiés.

« Le sac formé par la plèvre costale, du côté gauche, contenait environ un verre d'eau de couleur citrine.

« Une couche légère de lymphe coagulable couvrait une partie des faces des plèvres costales et pulmonaires, correspondantes du même côté.

« Le poumon gauche était légèrement comprimé par l'épanchement, adhérait par de nombreuses brides aux parties postérieures et latérales de la poitrine au péricarde ; je le disséquai avec soin ; je trouvai le lobe supérieur parsemé de tubercules, et quelques petites excavations tuberculeuses.

« Une couche légère de lymphe coagulable couvrait une partie des faces des plèvres costales et pulmonaires, correspondantes de ce côté.

« Le sac de la plèvre costale, du côté droit, renfermait environ deux verres d'eau de couleur citrine.

« Le poumon droit était légèrement comprimé par l'épanchement ; mais son parenchyme était en état normal. Les deux poumons étaient généralement crépitans et d'une couleur naturelle.

« La membrane plus composée ou muqueuse de la trachée-artère et des bronches était assez rouge, et enduite d'une assez grande quantité de pituite épaisse et visqueuse.

« Plusieurs des ganglions bronchiques et du médiastin étaient un peu grossis, presque dégénérés et en suppuration.

« Le péricarde était en état normal, et contenait environ une once d'eau de couleur citrine. Le cœur, un peu plus volumineux que le point du sujet, présentait, quoique sain, assez de graisse à sa base et à ses sillons. Les ventricules aortique et pulmonaire, et les oreillettes correspondantes étaient en état normal, mais pâles et tout-à-fait vides de sang. Les orifices ne présentaient aucune lésion notable. Les gros vaisseaux artériels et veineux auprès du cœur étaient vides et généralement en état normal.

« L'abdomen présenta ce qui suit :

« Distension du péritoine, produite par une grande quantité de gaz; exsudation molle, transparente et diffluente, revêtant dans toute leur étendue les deux parties ordinairement contiguës de la face interne du péritoine.

« Le grand épiploon était en état normal.

« La rate et le foie, durcis, étaient très volumineux et gorgés de sang; le tissu du foie, d'un rouge brun, ne présentait du reste aucune altération notable de structure. Une bile extrêmement épaisse et grumeleuse remplissait et distendait la vésicule biliaire. Le foie, qui était affecté d'hépatite chronique, était uni intimement par sa face convexe au diaphragme; l'adhérence se prolongeait dans toute son étendue; elle était forte, celluleuse et ancienne.

« La face concave du lobe gauche adhérait immédiatement et fortement à la partie correspondante de l'estomac, surtout le long de la petite courbure de cet organe, ainsi qu'au petit épiploon. Dans tous ces points de contact, le lobe était sensiblement épais, gonflé et durci.

« L'estomac parut d'abord dans un état des plus sains : nulle trace d'irritation ou de phlogose; la membrane péritonéale se présentait sous les meilleures apparences; mais, en examinant avec soin, je découvris sur la face antérieure, vers la petite courbure et à trois travers de doigt du pylore, un léger engorgement comme squirrheux, très peu étendu et exactement circonscrit. L'estomac était percé de part en part dans le centre de cette petite induration. L'adhérence de cette partie au lobe gauche du foie en bouchait l'ouverture. Le volume de l'estomac était plus petit qu'il ne l'est ordinairement.

« En ouvrant ce viscère le long de sa grande courbure, je reconnus qu'une partie de sa capacité était remplie par une quantité considérable de matières faiblement consistantes et mêlées à beaucoup de glaires très épaisses et d'une couleur analogue à celle du marc de café; elles répandaient une odeur âcre et infecte. Ces matières retirées, la membrane plus composée ou muqueuse de l'estomac se trouva dans son état normal, depuis le petit jusqu'au grand cul-de-sac de ce viscère, en suivant la grande courbure. Presque tout le reste de la surface interne de cet organe était occupé par un ulcère cancéreux, qui avait son centre à la partie supérieure, le long de la petite courbure de l'estomac, tandis que les bords irréguliers, digités et linguiformes de sa circonférence, s'étendaient en avant, en arrière de cette surface intérieure, et depuis l'orifice du cardia jusqu'à un bon pouce du pylore.

L'ouverture, arrondie, taillée obliquement en biseau, aux dépens de la face interne du viscère, avait à peine quatre à cinq lignes de diamètre en dedans et deux lignes et demie au plus en dehors; son bord circulaire, dans ce sens, était extrêmement mince, légèrement dentelé, noirâtre, et seulement formé par la membrane péritonéale de l'estomac. Une surface ulcéreuse, grisâtre et lisse formait d'ailleurs les parois de cette espèce de canal, qui aurait établi une communication entre la cavité de l'estomac et celle de l'abdomen, si l'adhérence avec le foie ne s'y était opposée. L'extrémité droite de l'estomac, à un pouce de distance du pylore, était environnée d'un gonflement ou plutôt d'un endurcissement squirrheux annulaire de quelques lignes de largeur. L'orifice du pylore était dans un état tout-à-fait normal. Les bords de l'ulcère présentaient des boursouflemens fongueux remarquables, dont la base dure, épaisse et squirrheuse s'étendait aussi à toute la surface occupée par cette cruelle maladie. Le petit épiploon était rétréci, gonflé, extrêmement durci et dégénéré. Les glandes lymphatiques de ce repli péritonéal, celles qui sont placées le long des courbures de l'estomac, ainsi que celles qui avoisinent les piliers du diaphragme, étaient en partie tuméfiées, squirrheuses, quelques unes même en suppuration. Le tube digestif était distendu par une grande quantité de gaz; à la surface péritonéale et aux replis péritonéaux je remarquai de petites taches et de petites plaques rouges, d'une nuance très légère, de dimensions variées, éparses et assez distantes les unes des autres. La membrane plus composée de ce canal paraissait être dans un état normal. Une matière noirâtre et extrêmement visqueuse enduisait les gros intestins.

« Le rein droit était dans un état normal; celui du côté gauche était déplacé et renversé sur la colonne lombo-vertébrale; il était plus long et plus étroit que le premier; du reste, il paraissait sain. La vessie, vide et très rétrécie, renfermait une certaine quantité de gravier mêlé avec quelques petits calculs. De nombreuses plaques rouges étaient éparses sur la membrane plus composée ou muqueuse; les parois de cet organe étaient en état normal. »

Rapport des médecins anglais après la dissection du corps de Napoléon.

« A la première apparence, le corps paraissait très gras, ce qui fut confirmé par la première incision vers le bas-ventre, où la graisse avait plus d'un pouce et demi d'épaisseur sur l'abdomen.

« En pénétrant au travers des cartilages des côtes, et en examinant la cavité du thorax, on vit une légère adhérence de la plèvre gauche à la plèvre des côtes. Environ trois onces d'un fluide rougeâtre étaient contenues dans la cavité gauche, et près de huit onces dans la cavité droite; les poumons étaient très sains, le péricarde était dans son état naturel, et contenait environ une once de fluide; le cœur était de la grandeur naturelle, mais revêtu d'une forte couche de graisse; les oreillettes et les ventricules n'avaient rien d'extraordinaire, si ce n'est que les parties musculaires paraissaient plus pâles qu'elles ne devaient l'être.

« En ouvrant l'abdomen, on vit que la coiffe qui couvre les boyaux (tomentum) était extraordinaîrement grasse; et en examinant l'estomac, on s'aperçut que ce viscère était le siége d'une grande maladie : de fortes adhérences liaient toute la surface supérieure, surtout vers l'extrémité du pylore, jusqu'à la surface concave du lobe gauche du foie; en séparant, on découvrit qu'un ulcère pénétrait les enveloppes de l'estomac, à un pouce du pylore, et qu'il était assez grand pour y passer le petit doigt.

« La surface intérieure de l'estomac, c'est-à-dire presque toute son étendue, représentait une masse d'affections cancéreuses ou de parties squirrheuses se changeant en cancer : c'est ce que l'on remarqua surtout près du pylore ; l'extrémité cardiaque, moins une petite étendue vers le bout de l'œsophage, était la seule partie qui paraissait saine; l'estomac était presque plein d'une grande quantité de fluide ressemblant à du marc de café.

« La surface convexe du foie du côté gauche adhérait au diaphragme. A l'exception des adhérences occasionées par la maladie de l'estomac, le foie ne présentait rien de malsain.

« Le reste des viscères abdominaux était en bon état.

Longwood, 6 mai 1821, à deux heures après midi.

Signé Thomas Schortt, *premier médecin ;* Arch. Arnott, *médecin du* 20e *régiment ;* Francis Burton, *médecin du* 66e *régiment;* Char. Mitchell, *médecin de Vigo*; Matthieu Livingstone, *médecin de la Compagnie des Indes.* »

Dans l'examen auquel nous allons nous livrer, nous nous conformerons à l'ordre adopté dans la rédaction de ces deux pièces.

Dans la première, M. Antommarchi nous fait remarquer que, depuis son arrivée, l'Empereur avait considérablement maigri, qu'à l'époque de sa mort il n'était plus en volume le quart de ce qu'il était lorsqu'il le vit pour la première fois. Nous avons appris que cet amaigrissement, qui fut en effet excessivement rapide dans les derniers temps surtout, n'était pas encore arrivé au point d'être regardé comme un état de marasme, ce qui prouverait que l'assimilation s'était encore long-temps faite d'une manière suffisante à l'entretien de la vie, et que celle-ci ne s'est point éteinte par suite de la désorganisation des parties compromises dans la maladie dont nous recherchons les traces.

La température était chaude, et, quoique plus de vingt heures se fussent écoulées depuis la mort, le corps conservait sa raideur cadavérique et ne présentait encore aucune trace de putréfaction. La mort n'avait point altéré sa belle figure ; ses yeux étaient fermés ; on eût dit qu'il dormait d'un sommeil tranquille.

Sans nous arrêter à l'application au moins indiscrète que M. Antommarchi prétend avoir faite du système crâniologique de Gall à ce grand homme, nous remarquerons seulement que, dans l'intérêt de ces recherches, en les supposant vraies, il est bien à regretter qu'on ait négligé d'indiquer sur quels points on a fait passer la ligne qui a servi à donner les dimensions de la circonférence du crâne. Prise à la base, vingt pouces et demi indiquent déjà une grande capacité de cette cavité, et donnent la mesure ordinaire de ces êtres privilégiés qui ont illustré les siècles au milieu desquels ils ont apparu; mais nous avons des raisons pour croire que si le cercle eût circonscrit cette boîte osseuse dans le milieu de sa hauteur, on eût eu un autre résultat, tout à l'avantage de la grandeur. Il est encore plus fâcheux qu'on ait omis de vérifier la hauteur du sommet à la base, et pour combien entrait dans la circonférence la partie antérieure comprise entre les orifices des conduits auditifs et le front. On a ajouté vaguement, ce que tout le monde savait bien, que le front était haut, proéminent et large; que les tempes étaient légèrement déprimées. Là devaient s'arrêter les recherches, ou au moins l'aveu qu'on se permet de faire de leur résultat; car, indépendamment du peu de solidité de ce système, dont l'exactitude est encore justement contestée, quant à ses détails, il est impossible d'admettre (*) que l'application furtive qui en aurait été faite par une personne aussi peu exercée que l'était celle qui en publie le résultat, n'ait été sujette à de graves erreurs. Sans doute on pensera avec nous que le respect dû à la vérité et à la mémoire du grand homme sur lequel on hasardait ainsi des conjectures, sans crainte de contrôle, suffisait pour faire réprimer le désir d'avancer aussi légèrement de pareilles inductions, dans le seul but de piquer la curiosité du public.

Il a été si peu question, dans le courant de la maladie de l'Empereur, de l'inflammation chronique des organes de la respiration, que nous avons dû être fort étonnés d'en trouver des traces si nombreuses et si étendues dans le rapport qui a été fait lors de l'inspection de la cavité qui les renferme. A cela près *des points douloureux dans diverses parties du thorax*, *des catarrhes et de la toux fatigante* dont l'Em-

---

(*) Il nous a été affirmé par des personnes qui n'ont pas quitté un seul moment le corps de l'Empereur, que ces prétendues recherches sont de pure invention. Le procès verbal original de l'ouverture n'en fait d'ailleurs aucune mention. Nous avons également appris qu'il n'est pas vrai que l'ouverture du crâne ait été proposée par le médecin et refusée par le gouverneur.

pereur était souvent tourmenté depuis son séjour à Longwood, et dont nous a entretenus M. O'Méara, on ne voit pas que cette maladie ait aucunement fixé l'attention de ses derniers médecins. Cependant, à en juger par ses ravages, cette maladie était grave et ancienne, et il a fallu toute la préoccupation que nous avons déjà reprochée à ces derniers pour la leur faire négliger à ce point. Si, dans des recherches nécroscopiques, on trouvait *un enduit de lymphe coagulable sur les plèvres ; un épanchement aqueux de près d'une livre et demie pour les deux cavités ; des adhérences en plusieurs points ; des tubercules nombreux, et quelques uns suppurés ; la membrane muqueuse de la trachée-artère et des bronches rouge et couverte de mucosités ; enfin, les ganglions bronchiques et du médiastrin grossis, dégénérés et en suppuration* ; ne se croirait-on pas en droit d'affirmer, sans en voir davantage, que la personne sur laquelle on aurait fait ces recherches a succombé à une maladie des voies aériennes, suffisamment confirmée par les traces qu'elle a laissées après elle ?

Mais poursuivons ; nous avons malheureusement de bien plus grands motifs de justifier la douloureuse surprise et la juste indignation que nous n'avons pu nous empêcher d'éprouver et de laisser voir, quand nous avons fait connaître le traitement adopté dans une maladie qu'on a toujours si complétement méconnue.

En passant de la cavité des plèvres à celle du péritoine, nous y trouvons des preuves, plus grandes et plus positives encore que nous ne l'avions préjugé, de la maladie de cette dernière membrane, que nous avons soupçonnée, et qui cependant est restée jusqu'au dernier moment inaperçue par le médecin même qui l'a décrite. Nous y remarquons : 1° *une exsudation molle, transparente et diffluente, revêtant, dans toute leur étendue, les deux parties ordinairement contiguës de la face interne du péritoine ;* 2° *adhérence, dans toute son étendue, de la partie convexe du foie au diaphragme ; de celle de la face concave du lobe gauche et du petit épiploon à l'estomac ;* 3° *le petit épiploon rétréci, gonflé, extrêmement durci et dégénéré ; les glandes lymphatiques de ce repli péritonéal, celles qui sont placées le long des courbures de l'estomac, ainsi que celles qui avoisinent les piliers du diaphragme étaient en partie tuméfiées, squirrheuses, quelques unes même en suppuration ;* 4° *à la surface péritonéale des intestins, et aux replis péritonéaux, on remarquait de petites taches et des plaques rouges de di-*

10

mensions variées. Dans cette grande maladie, dans ces désordres, nous trouvons assez la cause de tous les symptômes qui en ont été décrits pendant la vie; ils expliquent ce besoin du repos et de l'attitude couchée, dont l'Empereur avait contracté l'habitude dans les derniers temps (*). Le malaise qu'il éprouvait étant debout, les douleurs qu'il ressentait au moindre mouvement, lui faisaient une nécessité du repos absolu, et étaient pour son médecin une indication précieuse qui devait le conduire à reconnaître et à signaler tout le danger qu'il y avait, dans cet état, à essayer encore, de temps en temps, de longues courses en voiture ou à cheval, par des chemins pierreux, dans l'espérance, comme il le disait lui-même, que ce violent exercice remonterait un moment la machine. Ces secousses, ces tiraillemens douloureux ont dû singulièrement nuire au travail curatif de la maladie de ces membranes, dont la guérison s'opère souvent au moyen d'adhé-

---

(*) « Hudson Lowe répondait ordinairement à ceux qui s'étonnaient de ce que l'Empereur ne sortait plus, que c'était par nonchalance, par paresse, qu'il restait habituellement couché!!! »

O'Méara.

rences naturelles, que le plus léger mouvement peut déchirer et détruire.

Sans rentrer ici dans la discussion du traitement général, nous nous contenterons de faire remarquer l'influence funeste qu'ont dû avoir sur cette maladie les bains d'eau salée si souvent répétés, les frictions avec l'éther, et les préparations camphrées et ammoniacales sur le ventre, enfin les larges vésicatoires appliqués sur ses parois.

Si nous trouvons si fortement compromis des organes dont la maladie est restée ignorée par les médecins, qui ont toujours annoncé une maladie du foie, dans quel état de désorganisation ne devons-nous pas nous attendre à trouver cet organe qui, suivant eux, a été le siége de la maladie essentielle! Cependant, après des recherches que nous devons supposer avoir été faites d'une manière très exacte et très minutieuse par les médecins qui s'en chargèrent, puisque d'elles seules devait dépendre le jugement qu'on allait porter sur leur conduite pendant tout le cours de la maladie; cependant, disons-nous, le *foie* est loin d'offrir la preuve qu'il ait été le siége de la grande maladie contre laquelle on a constamment dirigé de si grands efforts, bien ou mal entendus. En effet, après avoir dit que *la rate et le foie étaient durcis, très volumineux et gorgés de sang*; *que le tissu de ce dernier était d'un rouge brun*; et, plus bas, *qu'il ne présentait aucune altération notable de structure*, on ajoute simplement que *ce viscère était affecté d'hépatite chronique*, sans indiquer aucunement à quels signes on a reconnu cette maladie. L'importance du sujet ne commandait-elle pas absolument de décrire exactement les changemens que cet organe avait subis? Il n'est pas présumable qu'on veuille sérieusement faire admettre ici, comme des indices suffisans d'une maladie quelconque du foie, son volume, sa consistance ou sa couleur, à moins que l'un ou l'autre de ces états n'ait été très apparent et très différent de ce qu'ils sont tous deux dans l'état ordinaire; car il n'est personne qui ignore combien ils diffèrent, même dans des individus chez lesquels on n'a pu soupçonner une semblable maladie. Constituer cet organe en état pathologique, sur des apparences aussi équivoques, c'est laisser voir qu'on n'a pas le courage d'avouer l'étonnement, ou tout au moins l'embarras qu'on a dû éprouver, en ne retrouvant aucune trace de la maladie imaginaire pour laquelle on a médicamenté l'illustre malade pendant près de cinq années. Nous verrons bientôt, d'ailleurs, dans le Rapport des médecins anglais, *que le foie ne présentait rien de malsain.*

C'est donc en vain que nous venons de chercher dans le *foie* la cause de la longue maladie à laquelle a succombé l'Empereur. Nous voulons bien admettre que les soins qu'on a pris pour nous faire croire à la maladie de cet organe n'avaient d'autre but que de justifier le diagnostic qu'on en avait porté, ainsi qne le traitement effroyable qu'on lui avait opposé ; mais ne devons-nous pas croire aussi que ces mêmes raisons, qui devaient engager à cacher la maladie de l'estomac, ont pu faire dire, lorsqu'il a été impossible d'en dérober les traces, que ce dernier viscère était atteint d'*un* CANCER !!! Erreur pitoyable, si elle n'a d'autre source que l'ignorance, mais subterfuge coupable, dans le cas où on aurait eu pour but de détourner les médecins des recherches qu'ils auraient pu être tentés de faire sur la nature de la maladie dont l'Empereur était attaqué, et sur la véritable cause de sa mort!

Examinons maintenant sur quoi repose cette supposition d'un *cancer*, dont l'effet presque magique a été de paralyser pendant si longtemps nos propres efforts dans la recherche de cette importante vérité.

L'estomac était plus petit que dans l'état ordinaire; il contenait une quantité considérable de matières faiblement consistantes et mêlées à beaucoup de glaires très épaisses et d'une couleur analogue à celle du marc de café; elles répandaient une odeur âcre et infecte.

Sans nous attacher à faire ressortir les nombreuses irrégularités dont ce premier rapport est rempli, nous ferons remarquer que c'est en grande partie à cette mention toute simple de la présence dans l'estomac de cet amas de matières *couleur de café* ayant une *odeur âcre*, qu'il faut attribuer l'opinion de l'empoisonnement si long-temps admise dans Paris, et qui l'est encore généralement en province et dans la plupart des autres parties de l'Europe. Si le gouverneur, si les médecins eux-mêmes avaient été bien pénétrés de l'importance de l'opération dont ils rendent compte, ils auraient mis plus d'exactitude, plus de soins dans leurs recherches : les matières dont ils parlent dans leur rapport eussent été recueillies soigneusement, une partie en eût été conservée, ainsi que l'estomac lui-même, dans un flacon cacheté, et le reste, par ordre et en présence du gouverneur, eût été soumis à une analyse scrupuleuse et scientifique; enfin un rapport officiel en eût été rédigé. Leur négligence en pareille occasion, quoiqu'elle soit sans conséquence pour les gens instruits, montre cependant que les auteurs des notes dont nous nous occupons n'ont pas compris leur position; ils ont méconnu leur devoir; et le gouverneur, en se refusant à ce que l'estomac fût conservé et apporté en Europe pour y être soumis à un examen solennel, a lui-même ouvert la carrière aux conjectures sinistres, bien ou mal fondées, qui ont été faites sur cet événement. *A trois travers de doigt du pylore on remarqua à l'extérieur une légère induration, au centre de laquelle était une ulcération perforante de tous les tissus de l'estomac, mais non communiquante avec la cavité abdominale, à cause de l'adhérence de ses bords extérieurs avec la membrane péritonéale contiguë au foie. Cette ulcération à bords minces et taillés en biseau aux dépens de la membrane interne avait à peu près quatre à cinq lignes à l'intérieur, et seulement deux lignes et demie dans la partie qui adhérait au foie.*

C'est particulièrement sur cette perforation spontanée, qui a été l'objet de discussions si animées, qu'est fondée l'opinion de l'incurabilité de la maladie de l'Empereur. Indépendamment des nombreux faits qui attestent la possibilité de la guérison de ces ulcérations, lorsque la maladie qui y donne lieu n'est pas entretenue par un régime ou un traitement perturbateur, nous citerons l'intéressante observation recueillie sur le corps de notre savant ami Béclar. Tous ceux qui l'ont cultivé savent que, pendant plusieurs années, il fut atteint d'une gastrite chronique, à laquelle il n'opposa jamais qu'un régime sévère. Pendant l'année qui précéda sa mort, son état s'était sensiblement amélioré. En peu de jours il a succombé à une maladie tout-à-fait étrangère à la première affection. Son estomac, entre autres traces de l'affection primitive, présenta une cicatrice de plusieurs lignes de diamètre parfaitement consolidée.

L'adhérence des bords et des environs de l'ulcération, dans la maladie dont nous nous occupons, prouve et son ancienneté et le travail curatif déjà avancé qui s'était opéré dans ces organes. Nous pouvons, avec raison, faire remonter cette heureuse époque au temps où l'Empereur est resté pendant plus d'une année sans médecin, confiné dans sa chambre, vivant très sobrement, soustrait à la funeste influence des drogues, garanti des vicissitudes atmosphériques, et ne se livrant à aucun des exercices qui auraient pu par des tiraillemens journaliers contrarier la formation de l'adhérence, sans laquelle la perforation dont nous venons de faire mention eût été, sans aucun doute, promptement mortelle.

Toute la surface interne de la petite courbure de l'estomac, depuis l'ouverture cardiaque jusqu'à un pouce de l'orifice pylorique, offrait un épaississement du tissu sous-muqueux dénudé en partie de la membrane sous-jacente ulcérée. Les bords de cette induration étaient fongueux et digités, ils se prolongeaient en avant et en arrière de cette région. Un épaississement fongueux annulaire se remarquait à l'extrémité droite de l'estomac. A l'étendue elle-même de cette induration et de l'ulcération, à la place qu'elles occupaient, en laissant dans toute leur intégrité les deux orifices cardiaque et pylorique; à cette perforation à bords minces et adhérens aux parties voisines; au liquide noirâtre lui-même dont toute la surface interne de l'estomac était baignée; quel est le médecin qui méconnaîtra les traces ordinaires d'une inflammation chronique entretenue par une excitation continuelle? Sont-ce là les caractères du cancer de cet organe? Et c'est sur des bases aussi fragiles que repose cette étrange assertion du cancer héréditaire! Ne paraît-il pas évident qu'elle a été employée comme un moyen d'échapper à une responsabilité immense? responsabilité qu'elle ne couvre cependant pas, puisque le traitement de la prétendue maladie du foie, lors même qu'il eût été mieux dirigé, a toujours reposé sur une base vicieuse, puisqu'on a méconnu jusqu'au dernier moment la maladie essentielle, et que tous les fondans existans, *cholagogues* purgatifs, vomitifs, etc. etc., qui étaient adresses au foie, allaient opérer dans l'estomac une excitation qui a fini par en produire la désorganisation : effet inévitable que nous sommes étonnés de ne pas avoir vu plus étendu et plus prompt.

La vessie fut trouvée vide, rétrécie, contenant des graviers et de petits calculs, sa membrane interne était parsemée de nombreuses plaques rouges. A l'influence du régime et du traitement sur la maladie déjà si avancée de cet organe, dont il n'est seulement pas fait une seule fois mention par les médecins, nous ajouterons celle qu'a dû avoir l'action immédiate des bains d'eau salée, des vésicatoires sur le ventre, et les frictions éthérées, camphrées et ammoniacées.

Si, de ce rapport déjà très incomplet malgré son étendue, nous passons à celui que les médecins anglais ont rédigé *officiellement* deleur côté, nous avons encore bien plus à regretter l'insuffisance des détails si essentiels dans une pièce dont ils paraissent n'avoir pas compris l'importance.

Nous remarquerons, en premier lieu, que le caractère officiel de leur rapport commandait absolument qu'on y indiquât si le corps ne présentait à l'extérieur aucunes blessures ni aucunes autres traces de violences exercées avant la mort.

D'accord avec l'auteur du premier de ces rapports sur la quantité du liquide contenu dans les cavités des plèvres, ces derniers ne font aucune mention ni des adhérences des plèvres, ni des tubercules nombreux des poumons. Ainsi que l'a fait M. Antommarchi, ils remarquent, sans en tirer d'autres inductions, que *de fortes adhérences liaient toute la face supérieure du foie*; mais ils ne font aucune attention aux ganglions lymphatiques engorgés et suppurés, ni à l'enduit albumineux dont était couverte toute la membrane péritonéale, ni aux autres traces de la maladie de cette membrane.

Toute la membrane interne de l'estomac, moins ses orifices, présentait une masse d'affection cancéreuse ou de parties squirrheuses se changeant en cancer, c'est-à-dire que cette membrane était épaissie et indurée, suite ordinaire de son inflammation chronique. *A l'exception des adhérences au diaphragme occasionées par la maladie de l'estomac, le foie ne présentait rien de malsain.*

Comment accorder ces deux rapports? Dans le premier les poumons, l'estomac, le péritoine, la vessie, toute l'organisation enfin semble être compromise, et chacun de ces organes présente des traces de maladie, qui, à elles seules et séparément, étaient suffisantes pour avoir occasioné la mort. Dans le second, au contraire, l'estomac seul, y dit-on, était malade, et *le reste des viscères abdominaux était en bon état.* Ces derniers, frappés de la maladie essentielle, ont-ils méconnu les autres, comme les nombreuses observations de maladies analogues recueillies par des médecins anglais pourraient le faire présumer? ou bien, l'auteur du premier de ces rapports a-t-il été plus attentif à rechercher et à constater dans les autres organes les désordres qui rendaient inévitable, dans ce funeste séjour, la fin de l'illustre malade qu'il n'avait pu sauver? Ces deux suppositions nous paraissent également probables; il est cependant à regretter que ces messieurs, dans leur propre intérêt, comme dans celui de la vérité, n'aient pas cherché à motiver ces singulières contradictions.

Après les réflexions affligeantes que vient de nous suggérer la comparaison de ces deux rapports, si nous cherchons à leur suite les détails des procédés employés pour l'embaumement du corps, ou sa conservation aussi prolongée que possible, nous ne trouvons dans le premier que la description très circonstanciée de la toilette et des ajustemens dont le corps fut affublé, avant d'être exposé aux regards du public.

En mettant à part le point de vue philosophique sous lequel tout homme sage doit envisager un pareil sujet, nous verrons qu'il était du devoir de celui qui assista aux derniers momens de l'Empereur, et qui fut chargé de l'ouverture de son corps, de mettre en œuvre tous les moyens qui étaient à sa disposition pour obtenir un résultat auquel tous les peuples, depuis l'antiquité la plus reculée, ont attaché une grande importance, et qui fut toujours regardé comme une opération préparatoire au culte qu'on s'est plu de tout temps à rendre aux grands hommes après leur mort.

Quatre cercueils, emboîtés les uns dans les autres, sont des moyens de sûreté, mais non de conservation contre les ravages de la putréfaction, lorsqu'ils sont placés dans un terrain bas et humide, sous l'influence de la température du tropique. Et d'ailleurs, le temps qui s'est écoulé depuis la mort jusqu'au jour de l'inhumation, l'opération de l'ouverture elle-même, et le peu de précautions prises, ont concouru à hâter la putréfaction, et ont, en cela, parfaitement secondé les intentions du ministère anglais, qui étaient que tout disparût du grand homme dont il avait consommé le sacrifice sur cet affreux rocher.

Mais, soins inutiles! sa mort est un stigmate indélébile dont sera éternellement souillé le front de ceux qui l'ont préparée, et dont leur postérité elle-même s'efforcera en vain de répudier la honte. Lui qui, au milieu des préoccupations et des combinaisons les plus profondes, s'occupait encore, avec un empressement plein de sollicitude, du soin de recueillir et de conserver les restes de ceux de ses compagnons, ses amis, que le fer de l'ennemi faisait tomber à ses côtés (*), devait-il donc, par suite d'une trop coupable négligence, être privé d'un si triste avantage?.... Et cependant nul doute que, dans les temps à venir, le dernier vœu de ce

---

(*) On sait assez avec quel empressement il ordonna lui-même la conservation du corps des maréchaux Bessières, Lannes, Duroc, etc. etc.

grand homme ne soit entendu (*) ; ces restes précieux seront arrachés à l'affreux rocher où ils sont aujourd'hui un monument du plus lâche des attentats. Mais que disons-nous ? ces restes, que seront-ils devenus dans l'état où ils furent abandonnés à la terre ? Moins de temps peut-être qu'il n'en a fallu aux compagnons de son exil pour revoir la patrie a suffi pour dissoudre toutes les parties de son corps ; il ne sera rien resté de ce grand homme qui a tenu si long-temps entre ses mains les destinées du monde entier (**) !

(*) « Je désire que mes cendres reposent sur les bords de la Seine, au milieu de ce peuple français que j'ai tant aimé. »

(*Testament de Napoléon.*)

(**) Lors de son retour en Europe, lorsqu'on demanda à M. Antommarchi quels procédés il avait employés pour l'embaumement du corps de l'Empereur, il crut se justifier de la négligence irréparable qu'on était en droit de lui reprocher, en disant qu'il avait manqué des substances nécessaires à cette opération. Mais l'île était abondamment pourvue de poudre à canon, de soufre, de goudron, de chaux amortie, de sel commun, de deuto-chlorure de mercure, et de tous les autres sels officinaux, de résines, de plâtre, de charbon, de gommes, etc., etc., toutes substances très propres à favoriser la momification.

CONCLUSION.

De tout ce qui précède il résulte :

1° Que l'Empereur n'est pas mort empoisonné, comme c'est encore l'opinion la plus généralement admise aujourd'hui;

2° Que la maladie dont il est mort était évidemment une gastrite chronique, maladie qui n'a jamais été regardée comme étant héréditaire; et que les traces qu'elle a laissées sur l'organe qui en était le siége ont été mal à propos confondues avec celles d'une affection cancéreuse;

3° Que non seulement l'influence du climat a suffi pour occasioner la maladie dont il est mort, mais qu'elle avait même tellement altéré sa constitution que sa fin prochaine était inévitable;

4° Que les vexations auxquelles il fut en butte sous le titre de restrictions, et surtout l'erreur de ses médecins, ont concouru à hâter sa mort.

Maintenant l'on se demandera sans doute : L'Empereur a-t-il été placé dans les conditions où il a été établi à Sainte-Hélène, avec l'intention de l'y faire mourir, comme cela a toujours été son opinion (*)? C'est à quoi l'histoire répondra quelque jour en prouvant peut-être la vérité de cette allégation. Quant à nous, nous renfermant dans notre sujet, nous affirmons qu'il nous paraît bien démontré que c'est au fait seul de sa déportation dans ce lieu qu'il faut attribuer la cause de sa maladie : le gouverneur et les médecins ont fait le reste (**).

(*) Sur le bord de la tombe, il dit encore dans son Testament (art. I.) : « Je meurs prématurément, assassiné par l'oligarchie anglaise et son sicaire. »

(*Voyez* aussi la pièce n° 14 de l'*Appendice.*)

(**) « Quand, par les révolutions des siècles, un roi d'Angleterre sera traduit devant le tribunal redoutable de sa nation, ses défenseurs allégueront le caractère auguste de roi, le respect dû au trône, à toute tête couronnée, à l'oint du Seigneur; mais ses adversaires ne pourront-ils pas répondre: Un de ses ancêtres proscrivit son hôte en temps de paix; ne pouvant le faire mourir en présence d'un peuple qui avait des lois fixes et des formes publiques, il fit exposer sa victime sur le lieu le plus malsain d'un rocher situé au milieu de l'Océan, dans un autre hémisphère. Cet homme y périt après une pénible agonie, tourmenté par le climat, par le besoin, par les outrages de toute espèce, supplice sans exemple chez les nations chrétiennes! Eh bien! cet homme était aussi un grand souverain, élevé sur le pavois par trente-six millions de citoyens; qui fut le maître de presque toutes les capitales de l'Europe; qui vit à sa cour les plus grands rois. Il fut généreux pour tous, reconnu par tous; il fut vingt ans l'arbitre des nations ; sa famille fut alliée avec toutes les familles souveraines, même avec celle d'Angleterre ; il fut deux fois l'oint du Seigneur, deux fois sacré par la religion !! »

« J'approuve ces observations. Je désire qu'elles soient mises sous les yeux du souverain et des peuples d'Angleterre.

Signé NAPOLÉON. »

Longwood, ce 5 octobre 1817.

Sur une île de roc, dans l'Océan jetée,
La gloire et le génie *ont eu* leur Prométhée ;
Et les rois, l'enchaînant à cet écueil lointain,
Au vautour britannique *ont offert* un festin.

NAPOLÉON EN ÉGYPTE, *poème.*

APPENDICE.

(1) A bord du vaisseau de S. M., *le Conqueror*, Rade de Sainte-Hélène, le 2 janvier 1818.

« Monsieur,

« Je vous transmets, ci-incluse, copie d'une lettre que je viens de recevoir de M. le secrétaire Barrow. Elle est relative à un ouvrage publié par M. Warden, ex-chirurgien du vaisseau de Sa Majesté, *le Northumberland*, et je désire qu'elle soit l'objet de votre attention la plus marquée.

« Je suis, Monsieur,
Votre très humble et obéissant serviteur,

Signé ROBERT PLAMPIN,
« *Contre-amiral, commandant en chef.* »

A M. Barry O'méara,
chirurgien de la Marine royale.
Longwood, Sainte-Hélène.

Amirauté, le 13 septembre 1817.

« Monsieur,

« Les Lords commissaires de l'Amirauté ayant pris connaissance d'un ouvrage publié par M. Warden, ex-chirurgien du vaisseau de Sa Majesté, *le Northum-*

berland, leurs Seigneuries m'ont chargé de vous transmettre l'ordre de faire connaître à tous les officiers employés sous votre commandement, qu'ils ne doivent pas perdre de vue que, s'ils se permettent de publier les renseignemens qu'ils peuvent avoir obtenus dans leur emploi officiel à Sainte-Hélène, ils subiront le grave déplaisir de leurs Seigneuries.

« Je suis, Monsieur,
Votre très humble et obéissant serviteur,

Signé JOHN BARROW. »

Au contre-amiral Plampin,
Sainte-Hélène.

(2) « J'ai appris qu'il y eut sur ce sujet (les *faux bulletins*), à *Plantation-House*, quelques discussions très vives, pendant l'une desquelles le gouverneur, au milieu de ses débats avec le baron Sturmer (commissaire nommé par l'Autriche), tomba dans un de ces paroxysmes de colère qui lui prenait si souvent avec moi. Le baron, d'un air très froid, fit arrêter son excellence vis-à-vis une grande glace, et la pria de vouloir bien contempler ses traits, ajoutant qu'il ne pourrait donner à sa cour un tableau plus fidèle de ce qui se passait à Sainte-Hélène, qu'en lui faisant voir la physionomie actuellement réfléchie par cette glace. »

O'MÉARA.

« Il y a quelques jours qu'une circonstance jeta de la lumière sur les motifs qui avaient porté le gouverneur à m'obliger de venir deux fois par semaine à *Plantation-House.* Un des étrangers qui résident dans l'île apprit au comte Montholon que les commissaires avaient vu, dans le bulletin de ce jour-là, un rapport sur l'état de la santé de Napoléon. Le comte Montholon, sachant que je n'adressais aucun bulletin, demanda des explications qu'on lui donna, et d'après lesquelles il parut que des bulletins fictifs étaient rédigés par une personne qui ne voyait jamais Napoléon, et qui, par conséquent, ne pouvait être juge de sa maladie. Ces rapports controuvés étaient envoyés de *Plantation-House* aux commissaires, et transmis par eux à leurs cours respectives. Je crois que tout lecteur consciencieux sera d'avis que ces bulletins auraient dû m'être montrés, puisque j'étais le seul médecin qui visse le malade, et conséquemment le seul capable de juger de leur exactitude. »

LE MÊME.

« Avant de me laisser reprendre mes fonctions médicales à Longwood, Napoléon, pour mettre fin à la fabrication de nouveaux faux bulletins, a demandé que je fisse un rapport sur l'état de sa santé une fois par mois, ou plus souvent, si cela devenait nécessaire, et qu'il en fût donné copie au gouverneur s'il l'exigeait. J'ai aussitôt fait part de cette circonstance à sir Hudson Lowe, qui non seulement ne l'a pas exigé, *mais m'a défendu absolument de lui adresser aucun rapport par écrit.* »

LE MÊME.

(3) On racontait que son agonie avait été affreuse, que des coliques atroces et des vomissemens opiniâtres l'avaient tourmenté jusqu'aux derniers momens; que son ventre était très ballonné; qu'il était dévoré par une soif ardente; que ses traits étaient décomposés; que des cris, des gémissemens avaient été entendus; que des douleurs excessives qu'il avait ressenties lui avaient arraché des imprécations contre les auteurs de sa mort; enfin, on parlait d'ulcérations, de perforations de l'estomac, de matières noires, couleur de marc de café, rejetées ou trouvées dans l'estomac après sa mort..... En fallait-il davantage pour faire croire à l'empoisonnement?

(4) « M. le général Gourgaud analyse le vin; il y découvre de la litharge. » O'MEARA.

(5) *Documens historiques sur la maladie et la mort de Napoléon Bonaparte.*

(Traduit littéralement du *Morning-Chronicle* du 8 juillet 1821.)

« Le *Courier* du 4 courant ayant rapporté que Napoléon était mort d'un cancer à l'estomac, et qu'il avait ordonné que son corps fût ouvert, parce qu'il soupçonnait que la maladie dont il mourait était la même qui avait emporté son père, je me crois obligé d'émettre quelques observations tant sur ces assertions que sur une lettre fabriquée par un calomniateur anonyme, dans le dessein de nuire à ma réputation, en établissant que tous les chirurgiens qui ont assisté à l'ouverture du corps se sont accordés pour affirmer qu'il n'avait jamais existé aucune maladie du *foie;* et je désire en même temps répondre à ce qui a été publié officiellement dans la *Gazette* d'hier au soir sur le même sujet.

« Ce journal rapporte que les dépêches du gouverneur de Sainte-Hélène annoncent que Napoléon est mort le 5 mai d'une maladie qui le retenait dans ses appartemens depuis le 17 mars, et que son corps avait été ouvert le jour suivant en présence de cinq médecins anglais, tous attachés à l'armée ou à la marine; de plus, que le professeur Antommarchi avait assisté à la dissection, et qu'après un examen attentif des parties intérieures, tous les médecins présens avaient fait concurremment un rapport qu'il joignait à sa dépêche.

« Le rapport établit que l'on avait trouvé l'estomac entier attaqué d'une maladie extensive; que toute sa surface intérieure, particulièrement vers l'extrémité pylorique, adhérait fortement à la surface concave du lobe gauche du foie; qu'en séparant ces parties on avait découvert un ulcère qui pénétrait les couches de l'estomac, etc. La surface convexe du lobe du foie était adhérente au diaphragme; et, à l'exception des adhérences occasionées par la maladie de l'estomac, on n'avait trouvé aucune apparence maladive dans le *foie.*

« Il est très important de remarquer, en premier lieu, que ce rapport n'a pas été signé par le professeur Antommarchi, quoique le gouverneur déclare que tous les médecins présens avaient concouru au rapport ; en second lieu, j'affirme, sans crainte d'être démenti, que l'on n'a jamais vu d'exemple de cancer de l'estomac parcourant toutes ses périodes dans l'espace de sept semaines et un jour. Le cancer dans l'estomac est une maladie longue et cruelle, qui fait éprouver au malade de violentes douleurs pendant plusieurs mois que durent ses progrès ; et nous voyons ici *l'estomac entier transformé en une masse de substance cancéreuse dans l'espace de sept semaines !!!* Le rapport établit ensuite, qu'à l'exception des adhérences causées par la maladie de l'estomac, aucune apparence maladive ne s'était présentée dans le foie. Quelles étaient donc les causes des adhérences de la surface convexe de ce viscère avec le diaphragme, c'est-à-dire avec le côté opposé au lobe qui adhérait à l'estomac ? Le moindre étudiant en médecine n'ignore pas que les affections inflammatoires du foie et d'autres viscères, après avoir dévié long-temps, se terminent par une diminution graduelle des symptômes, jusqu'à ce qu'enfin le viscère se trouve rendu à sa dimension, à sa couleur et à ses fonctions naturelles; mais on trouve alors généralement des adhérences formées entre la partie malade et celles qui l'avoisinent, adhérences qui subsistent jusqu'à la mort. Tel était le cas de Napoléon, chez lequel une adhérence s'était formée entre la surface supérieure et convexe du lobe gauche et le diaphragme par *l'hépatitis* dont il était atteint à l'époque où je lui donnais des soins, en 1818.

« A l'égard de l'assertion sur le *cancer héréditaire*, publiée d'après une lettre fabriquée par ceux qui avaient le rapport sous les yeux, elle ne mérite pas d'être sérieusement réfutée. Aucun auteur ancien dont l'autorité puisse avoir quelque poids, aucun praticien moderne, n'ont jamais mentionné ni rencontré de telles maladies. C'est une épreuve qu'on a voulu tenter sur la crédulité publique, épreuve trop grossière pour réussir, même auprès des personnes les moins éclairées, mais qu'on ne doit point s'étonner de voir hasarder par ceux qui désirent attribuer la mort de la victime à toute autre cause qu'à la véritable : on pouvait même s'attendre à trouver à la suite de cette assertion un calcul par lequel on aurait établi le nombre d'années qui doivent s'écouler avant que l'estomac du jeune Napoléon entre en jouissance de l'héritage paternel....... »

Le même.

(6) *Extrait d'une note adressée à l'amiral sir G. Cockburn.*

« Nous avons voyagé dans les pays les plus misérables de l'Europe ; aucun d'eux ne peut se comparer avec ce roc aride, dépourvu de tout ce qui peut rendre la vie supportable; il est fait pour renouveler à tout moment les angoisses de la mort. Les premiers principes de la morale chrétienne, et ce grand devoir imposé à l'homme de remplir sa destinée, quelle qu'elle soit, peuvent seuls l'empêcher ici de terminer de sa propre main une si horrible existence. L'Empereur met sa gloire à continuer à lui être supérieur; mais, si le gouvernement anglais persiste dans ses actes d'injustice et de violence, il regardera comme un bienfait l'ordre de le mettre à mort.

Signé le comte BERTRAND. »

Sainte-Hélène, 24 octobre 1815.

« L'île Sainte-Hélène est située par le 15e degré 55 m. de lat. S., et 8e degré 9 m. de long. O., sous les vents alisés du S.-E. Elle a environ dix milles et demi de longueur, six milles trois quarts de largeur, et vingt-huit de circonférence. Le point le plus élevé de l'île est à Diana's Peak (Pointe de Diane); elle est éloignée d'environ six cents milles de la terre la plus voisine, l'île de l'Ascension, et de douze cents du cap de Bonne-Espérance, dans le continent qui en est le plus rapproché. Son aspect est le plus désolé, le plus repoussant que l'on puisse concevoir; elle n'offre à l'extérieur qu'une masse de rochers bruns, formés de différentes sortes de laves, et qui s'élèvent de l'océan en pics irréguliers, déchirés, perpendiculaires, de soixante-quinze à trois cent soixante-quinze mètres de hauteur. Ces rochers, entièrement dépourvus de végétation, paraissent brûlés et scorifiés; ils sont coupés par des ravins étroits, profonds, hideux, qui se prolongent jusqu'à la mer, et forment en quelques endroits des espèces de ports. L'île est composée de lave, refroidie en différents états de fusion, ce qui, joint à l'absence de toute substance primitive, à ses hauteurs en cône, à la puzzolane et d'autres productions volcaniques qu'on y trouve, démontre clairement qu'elle a subi l'action du feu. James-Town, seule ville de Sainte-Hélène, est située au fond d'un ravin cunéiforme, flanqué de chaque côté de rochers arides, suspendus, effrayans, sur les côtés et les sommets desquels des masses énormes menacent sans cesse les habitans d'une entière destruction.

« L'intérieur de l'île se compose alternativement de chaînes de montagnes et de ravins : les premiers varient en hauteur, depuis cent cinquante jusqu'à six cent cinquante mètres. Diana's Peak, le point le plus élevé de l'île, est à six cent soixante-quatorze mètres au-dessus du niveau de la mer. La face du pays offre les contrastes les plus frappans; elle se compose d'une variété de montagnes et de vallées, d'aridité, de verdure. Tantôt ce sont des rochers stériles, d'une hauteur immense, séparés par des abymes, perpendiculaires, effrayans, d'une couleur bleuâtre, ayant plusieurs centaines de pieds de profondeur, avec d'énormes masses de roches détachées et nues qui s'élèvent çà et là, et sur lesquelles paraît quelquefois un morceau de verdure; tantôt l'on aperçoit de verts pâturages, des jardins ornés d'arbres, et des maisons construites dans la vallée ou sur le penchant des hauteurs, ce qui, avec un petit nombre de bestiaux, quelques moutons, et parfois un cheval paissant sur les flancs escarpés des montagnes, offre à l'œil, fatigué de la vue de ces précipices affreux et des ravins de couleur rougeâtre du voisinage, un agréable soulagement. Ces contrastes font trouver au spectateur la partie cultivée de l'île pittoresque et romantique. La vue dont on jouit sur la chaîne de Sandy-Bay, et sur le sommet de Diana's Peak, est sublime. Cependant, la plus grande partie de l'île est dépouillée; son aspect est le plus horrible, le plus repoussant qu'il soit possible d'imaginer; une grande portion même des terres propres à la culture est maintenant couverte de ronces, le *rubus pinnatus* qu'on y apporta, il y a quelques années, comme une curiosité.

« Les routes sont en général fort étroites, et ne peuvent admettre de voitures; elles serpentent autour du sommet des collines, parcourent les flancs escarpés, et franchissent la crête tranchante des montagnes, ou s'enfoncent dans les profondeurs des ravins. Il n'y avait que deux voitures dans l'île, appartenant au gouverneur, et traînées par des bœufs.

« On peut compter au nombre des sites les plus agréables de l'île, d'abord Plantation-House, ensuite la maison du colonel Smith, Rosmary-Hall; celle de M. Doveton, à Sandy-Bay, les Briars et la maison de miss Mason. Toutes ces habitations ont l'avantage d'être ornées de bons jardins, de promenades abritées, de verdure et de ruisseaux : ce sont des demeures agréables comparées aux autres. Plantation-House avec ses dépendances, en particulier, serait considéré, dans toutes les parties de l'Europe, comme un beau séjour, un site romantique.

« Pour que le lecteur ne pense pas que je veuille enchérir sur ses beautés, je vais rapporter un extrait de la description qui en a été donnée dans le dernier ouvrage publié sur Sainte-Hélène. « A environ trois quarts de mille est l'entrée de Plantation-House, résidence de campagne du gouverneur. C'est une habitation d'une très grande élégance, agréablement située, ayant des jardins et des terres cultivées considérables, que l'on entretient avec beaucoup de soin et de goût. Différentes espèces de superbes arbres et arbrisseaux apportées d'Europe, d'Asie, d'Afrique, d'Amérique, des parties du globe les plus lointaines et des climats les plus opposés, concourent à l'envi à l'embellir, tous prospèrent et déploient un grand luxe de végétation, tous fleurissent également. »

« Souvent, dans les voyages que j'étais obligé de faire deux fois la semaine à Plantation-House, je laissais Longwood au milieu du brouillard et de la bruine, et trouvais le beau temps à Plantation-House.

Le changement commençait à partir généralement des montagnes au-dessus de Hut's Gate. On peut en attribuer la cause à ce que les nuages étaient attirés par les hautes montagnes appelées l'épine du dos de l'île. C'était un phénomène journalier que de voir faire beau à la ville et en même temps très mauvais dans les montagnes. Il est surprenant que l'on ne connaisse ni le tonnerre ni les éclairs à Sainte-Hélène, ce qui vient probablement de ce que le fluide électrique, attiré par Diana's Peak et les autres montagnes en cônes, est conduit à la mer.

« Plantation-House est abritée par les chaînes immenses des montagnes qui forment Diana's Peak et Halley's Mount, puis partagent l'île, s'étendent au sud, et garantissent cette habitation du vent du sud-est, si funeste à la végétation dans les endroits exposés à son influence. »

O'MÉARA.

(7) « Lorsqu'on sut que Longwood avait été fixé pour la demeure de Napoléon, cette décision excita d'abord la surprise des insulaires, attendu que la situation est si aride, qu'aucune famille n'y avait jamais habité que quelques mois dans l'année; mais cette surprise cessa bientôt, parce qu'on supposait qu'à l'arrivée du nouveau gouverneur, il lui serait accordé une résidence d'hiver plus convenable.

« Longwood est une vaste plaine située sur le sommet d'une montagne, du côté de l'île qui est exposé au vent, à près de cinquante mètres au dessus du niveau de la mer. Elle contient un grand nombre de gommiers (*gum-wood*, *coniza gummifera*), tous à peu près de la même taille, et penchés du même côté, à cause des vents alisés qui soufflent continuellement du sud-est, ce qui leur donne un aspect monotone et triste. Les feuilles de l'arbre à gomme sont petites, étroites; et, comme elles se trouvent principalement réunies aux extrémités des branches, elles ne donnent par conséquent qu'un ombrage faible et sans force contre les rayons pénétrans du soleil. Il n'y a d'autres eaux que celle que l'on y amène de la distance d'à peu près trois milles. Aucune ombre continue. Exposé au vent du sud-est, constamment chargé d'humidité, Longwood est, par sa situation élevée, ou enveloppé de brouillards, ou inondé de pluies pendant la plus grande partie de l'année. Le sol se compose d'une terre argileuse et gluante, qui, dans les temps humides, s'attache aux pieds, et y forme une masse si lourde, qu'elle retarde visiblement la marche. Pour un mois ou six semaines de beau temps, le soleil y est vertical ou dévorant pendant deux ou trois mois : les sept ou huit autres sont pluvieux et extrêmement désagréables. Bien que Longwood soit généralement humide et couvert de brouillards, le soleil s'y éclaircit parfois; alors ses rayons y brillent d'une splendeur passagère. Bientôt après, l'atmosphère s'obscurcit de nouveau, des brumes épaisses couvrent la plaine, et une pluie abondante, poussée impétueusement par l'éternel vent alisé du sud-est, mouille jusqu'aux os quiconque s'est hasardé à faire un tour de promenade, séduit par l'apparence trompeuse du soleil. Ces changemens de température ont souvent lieu plusieurs fois dans le même jour, et sont une cause de l'insalubrité de Sainte-Hélène. Par suite de la nature grasse du sol, la pluie ne pénètre que très peu la surface, et va se précipiter dans les ravins du voisinage. La violence du vent, qui détruit la végétation, les dégâts commis par les vers, et le manque d'eau pendant deux ou trois mois de l'année, rendent nuls presque tous les efforts qu'on fait pour cultiver le jardin. La plante qui réussit le mieux à Longwood est la tithymale, herbe extrêmement nuisible.

« Afin qu'on ne puisse croire que j'aie exagéré les inconvéniens de Longwood, je prendrai la liberté de citer deux passages de l'histoire de Sainte-Hélène, par M. Brooke, qui habite cette île depuis environ quarante ans, est le doyen du conseil, et remplit maintenant les fonctions de gouverneur par *interim*. M. Brooke, possesseur d'une vaste propriété de l'île, est bien plus porté à en rehausser les avantages qu'à en indiquer les défauts. « C'est seulement, dit-il, dans les parties les plus abritées de l'île que le chêne atteint à sa perfection; dans les lieux exposés, les vents alisés qui soufflent continuellement dans la même direction, produisent les effets les plus funestes sur cet arbre, comme sur la plupart de ceux qui sont étrangers au sol. » Page 288.—Il dit encore, page 255 : « Le gouverneur Dunbar était infatigable dans ses efforts pour favoriser les ressources et la fertilité de l'île. Les expériences faites à Longwood dans la culture de l'avoine, de l'orge et du blé, donnèrent tant d'espérances de succès, qu'on y éleva une *grange;* mais les récoltes suivantes ayant manqué, elle fut convertie en une résidence par le lieutenant gouverneur. On attribue cette non réussite à la sécheresse, ou à quelque autre particularité du climat ou du sol, et non, comme on l'a quelquefois affirmé, aux dégâts commis par les rats. »

« Ce qui prouve mieux que Longwood est l'endroit de l'île le plus mauvais et le plus désagréable, c'est qu'avant l'arrivée de Napoléon, il n'avait été habité que par le lieutenant-gouverneur, pendant trois ou quatre mois de l'année, comme résidence de campagne ; et quelquefois par les fermiers de la Compagnie, qui s'y réunissaient dans une petite chaumière. Aucun des habitans de l'île n'en avait jamais fait une demeure habituelle, connaissant bien tous ses inconvéniens. Ce fait, qui ne saurait être contesté, en dit plus à lui seul que des volumes.

« J'espère que les remarques suivantes, sur le climat de Sainte-Hélène, fondées sur l'observation et l'expérience même, ne paraîtront pas superflues dans l'occasion présente ; pour les rendre plus intelligibles au lecteur, je me permettrai quelques observations préliminaires.

« C'est aux changemens diurnes et subits de la température, surtout lorsqu'ils sont accompagnés de pluie ou d'humidité, qu'on peut attribuer la plus grande partie des maladies qui affectent le corps humain. Les transitions soudaines du chaud au froid engourdissent les vaisseaux extrêmes de la surface du corps, et repoussent en même temps une grande quantité de sang sur quelques uns des organes internes. Les changemens subits de l'atmosphère nuisent à la constitution, attendu les rapports qu'ont entre elles les parties extérieures et intérieures. Dans quelques climats, tels que celui d'Angleterre, ils produisent des affections pulmonaires; sous les tropiques, où le système bilieux est susceptible de dérangement, ils occasionent des maladies de foie. La grande sympathie qui existe entre la peau, le foie et les intestins, n'a jamais été plus fortement démontrée que par le nombre des affections violentes et funestes des deux derniers organes, dont a été et est journellement témoin Sainte-Hélène, où les variations atmosphériques sont si fréquentes et si rapides, et où il règne une si grande humidité.

« L'intérieur de l'île est formé, comme je l'ai dit, de chaînes successives de montagnes hautes, inégales et escarpées, dont les plus élevées ont six cent cinquante mètres au dessus du niveau de l'Océan. Elles sont séparées par des ravins profonds, longs et étroits, dont le fond, dans plusieurs, ne s'élève pas à plus de quelques pieds au dessus du niveau de la mer. Quiconque veut faire quelques milles à cheval, doit s'attendre à changer de température à chaque demi-heure. Abrité un moment par la profondeur des ravins, il éprouve la chaleur des tropiques dans une latitude de 15 degrés 55 minutes sud; un moment après, lorsque, transpirant par tous les pores, il passe à travers l'ouverture de quelque gorge, le calme momentané de l'atmosphère est tout à coup remplacé par un vent froid qui souffle des montagnes, et dont l'effet, joint à l'humidité qui l'accompagne, produit une évaporation et une perte rapide de la chaleur animale à la surface du corps, et repousse par conséquent le sang vers l'intérieur. Si l'on sort de la vallée tout couvert de sueur, le même vent glacial, produisant les mêmes effets, vous frappe au moment où vous atteignez le sommet des montagnes. »

Le même.

(8) « Si l'on considère la température comme réduite d'un degré par chaque cinquante mètres d'élévation, on trouvera une différence de 10 degrés entre la température de Longwood, qui est à environ cinq cents mètres au dessus du niveau de la mer, et celle de la ville. Ajoutez encore deux ou trois degrés provenant de la rigueur du vent du sud-est. Ce vent, chargé d'humidité et soufflant généralement dans les hautes régions, produit une différence d'évaporation entre les montagnes et les vallées; différence qui, jointe à l'augmentation de l'élévation, réduit de 12 ou 13

degrés la température de Longwood. A cela se joignent les fréquentes variations de la température. En un moment Longwood est enveloppé de brouillards, est assailli par une ondée, à laquelle les vents communiquent une telle impétuosité, qu'elle pénètre en quelques minutes les manteaux les plus épais; bientôt après, les nuages se dissipent, le ciel s'éclaircit, et le soleil du tropique darde ses rayons brûlans. Cet état dure quelques instans, et tout à coup le brouillard, la pluie et l'humidité lui succèdent de nouveau. Ces ondées et ces coups de soleil, qui se suivent alternativement, suffisent, comme tout médecin pourra l'affirmer, pour produire les affections inflammatoires les plus violentes dans les viscères, et particulièrement dans ceux de l'abdomen.

« Il paraîtrait, d'après cela, que l'île de Sainte-Hélène, outre les causes générales d'insalubrité pour les Européens, causes inséparables d'un climat sous le tropique, en a de locales et de particulières qui la rendent singulièrement insalubre, comme le prouve bien la grande mortalité dont je vais parler. Le plus léger rhume, la moindre irrégularité sont fréquemment suivis de violentes attaques de dyssenterie, d'inflammations d'entrailles, ou de fièvres, qui deviennent funestes en peu de jours, si l'on n'emploie immédiatement les moyens les plus actifs et les plus efficaces pour y remédier. Une indigestion, dans un enfant, n'exigerait en Europe qu'un peu d'eau chaude pour produire l'évacuation; elle devient à Sainte-

Hélène une maladie formidable, demande les remèdes les plus puissans, et, si on la néglige seulement quelques heures, se termine d'une manière fatale. Le climat est surtout contraire aux Européens; il n'est, au fait, favorable à la longévité pour qui que ce soit, pas même pour les indigènes. L'examen des registres de la paroisse fera voir que peu de personnes y passent leur quarante-cinquième année. Les maladies les plus communes sont la dyssenterie, les inflammations d'entrailles, les affections au foie et les fièvres, maladies qui sont toutes violentes. Les dyssenteries surtout et les maladies de foie, qui se trouvent fréquemment réunies, s'y montrent avec les symptômes les plus concentrés et les plus désespérans. Elles résistent à l'effet des remèdes les plus actifs, les plus puissans; et, malgré le talent et l'expérience reconnue de plusieurs praticiens habiles, elles ont une issue funeste, dans une proportion qui a rarement lieu dans les autres colonies anglaises. Pendant les douze ou treize premiers mois après son arrivée à Sainte-Hélène, le second bataillon du soixante-sixième régiment perdit par ces maladies cinquante-six hommes sur six cent trente, c'est-à-dire, un sur onze. Plus récemment encore, *le Conqueror*, arrivé en juillet 1817, perdit en dix-huit mois, et presque tous par les mêmes maladies, cent dix hommes sur six cents, outre cent sept devenus invalides et renvoyés en Angleterre. C'était plus du tiers de l'équipage.

« Je ne saurais établir positivement le nombre des

décès qui ont eu lieu dans les deux bataillons du soixante-sixième régiment; mais je crois qu'il s'est élevé au dessus de cent vingt : les feuilles de revue éclairciraient bientôt ce fait. Dans les Indes occidentales, la proportion des décès avec la force totale était en 1814 d'un sur vingt-cinq; celle des morts aux malades, d'un et deux tiers sur trente-six. Cependant combien cette mortalité semble légère, lorsqu'on la compare à celle de Sainte-Hélène! Elle était devenue si grande en ce dernier lieu, que le gouverneur et l'amiral, craignant les effets que pourrait produire une plus longue résidence dans l'île, et désirant sans doute alléger leur misère autant que possible, envoyaient plus de soixante-dix malades en Angleterre et au Cap dans l'espace d'un mois. La moitié de ceux qui avaient été envoyés au Cap (et c'étaient les plus malades) reposent depuis long-temps dans leur paisible et dernier asile.

« *Le Conqueror* reçut également l'ordre de croiser au vent de l'île pendant six semaines, mais sans retirer un grand avantage de cette mesure. Il est digne de remarque que le vaisseau *le Racoon* avait beaucoup souffert de la dyssenterie et de l'hépatite pendant qu'il était resté stationné à Sainte-Hélène; lorsqu'on l'eut envoyé au Cap, l'équipage se rétablit et devint très-sain : cet état dura tant que le vaisseau resta au Cap; mais, à son retour à Sainte-Hélène, la dyssenterie et l'hépatite reparurent, avec une nombreuse liste de malades.

« Le vaisseau *le Friendship*, qui portait des femmes

condamnées, fournit une autre preuve très forte de l'insalubrité du climat de l'île. Ce bâtiment arriva d'Angleterre à Sainte-Hélène au mois de novembre 1817. A peine y était-il depuis huit ou dix jours, pour faire de l'eau, que la dyssenterie s'y manifesta; et dans le cours de quelques semaines, plus de cent individus en furent attaqués. Avant d'arriver à Sainte-Hélène, le vaisseau ne comptait pas un seul exemple de cette maladie.

« Du 20 novembre 1815 au 20 du même mois de l'année suivante, on reçut à l'hôpital militaire quatre cent trente-huit malades, dont cent soixante-dix-neuf étaient attaqués de maladies intestinales. La force du régiment était de cinq à six cents hommes.

« La mortalité qui eut lieu dans les équipages des petits vaisseaux dont les noms suivent, pendant qu'ils étaient stationnés à Sainte-Hélène, est aussi très grande. *Le Mosquito* perdit vingt-quatre hommes sur cent d'équipage; *le Racoon*, seize sur cent; *le Leveret*, onze sur soixante-quinze; et *le Griffon*, quinze sur quatre-vingt-cinq, sans compter une foule d'invalides envoyés en Angleterre par suite des mêmes maladies. Les officiers de marine savent bien qu'à moins d'être en de très mauvaises stations, les petits vaisseaux sont généralement très sains, et souvent ne perdent pas un seul homme dans l'année. J'ai été moi-même chirurgien à bord d'un sloop de guerre dans les Indes occidentales, et nous ne perdîmes pas un seul individu dans une année, quoique exposés, durant une partie considérable de ce temps, à l'influence nuisible du climat de Surinam.

« La réputation de salubrité non méritée dont Sainte-Hélène a joui jusqu'à ce jour est venue probablement de ce qu'elle était fort peu connue, si ce n'est des marins et autres qui, arrivant de voyages de long cours, étaient, comme les matelots de Dampier, enchantés de se trouver à terre quelque part que ce fût, et qui, durant le peu de temps qu'ils y restaient, se trouvaient soulagés du scorbut par l'usage du cresson de fontaine dont cette île abonde. Cela vient aussi de ce que sa population étant peu nombreuse, et principalement composée de naturels, elle ne souffre nécessairement pas autant que les étrangers des effets du climat où elle est née. Jusqu'à l'arrivée du grand prisonnier d'état, très peu d'Européens avaient une résidence continue dans l'île; et je puis affirmer, d'après une observation personnelle, que le plus grand nombre de ceux qui y sont maintenant, même des officiers, ont éprouvé des attaques plus ou moins violentes de dyssenterie ou d'hépatite; moi-même, je suis fâché de le dire, je fais partie de ce nombre. J'affirme encore que l'opinion des officiers de santé qui ont été le plus en état, d'après une expérience acquise sur les lieux mêmes, de se former une juste idée de l'île, est *que le climat en est extrêmement malsain;* et que la dyssenterie, ainsi que l'hépatite, y règnent à un point et avec une intensité rarement égale ailleurs. Pour convaincre le public que je ne suis ni singulier dans mes opinions, ni enclin à exagérer, je prie le lecteur de consulter une dissertation médicale sur l'hépatite et la dyssenterie à Sainte-Hélène, composée, pour son inauguration, par le candidat au degré de docteur en médecine au collége de la Trinité de Dublin (*). L'auteur de l'essai en question est le docteur Leigh, ex-chirurgien du second bataillon du 66e régiment, stationné à Sainte-Hélène.

« Dans une lettre officielle en date du 24 novembre 1808, le docteur Baildon s'exprime ainsi : « On aura peine à croire qu'il entre fréquemment à l'hôpital des soldats et autres individus dont le scorbut réel est aussi avancé que s'ils ne faisaient que de débarquer après un long voyage. Un grand nombre d'autres, qui y entrent par suite de maladies différentes, sont considérablement aussi atteints du scorbut. ».... « A mon arrivée, je fus surpris de voir un grand nombre d'individus attaqués de maladie de foie. »

« Le docteur Baildon attribue ces deux maladies à « l'usage excessif des liqueurs spiritueuses. » Mais comme, en 1810, le gouverneur de Ste-Hélène prit, pour empêcher l'introduction de toute espèce de spiritueux, des mesures qui eurent complétement l'effet

---

(*) *Est nullus morbus perniciosior dysenteria exercitibus in omnibus partibus orbis terrarum degentibus; sed in tropicis regionibus grassatur vi maxima inter milites et alios ex Europa; et videtur intimus nexus inter hanc et hepatitidem existere, nam sæpe conjunguntur, et raro accidit unum sine altero.* »

qu'on en attendait; comme aussi toutes les maisons qui vendaient ces liqueurs furent fermées le 15 mai 1809, et qu'une bière saine leur fut substituée, il est évident que les affections de foie qui depuis cette époque n'ont pas discontinué à Sainte-Hélène doivent être attribuées à d'autres causes qu'à « l'usage excessif des liqueurs spiritueuses. »

« La description animée qui suit d'une excursion de Jame's-Town à Longwood, et de quelques-unes des particularités de l'île, a été tracée sur le même lieu par une dame qui depuis y a résidé pendant un temps considérable.

Sainte-Hélène, novembre 1815.

Sainte-Hélène est un lieu bien affreux pour voyager! Quels chemins! quels rocs! quels précipices! On dit qu'il y a cinq milles; pour moi, il me semble qu'il y en a quinze. Montagne sur montagne, roc sur roc; je croyais, en vérité, être arrivée aux nuages. Mais ce dont je suis certaine, c'est d'avoir passé par trois climats distincts. Après être sortie de la ville, et jusqu'à mon arrivée aux Briars, l'ardeur dévorante du soleil m'enleva la peau du visage, et me fit venir des pustules aux lèvres. Le chemin, étroit et resserré entre deux montagnes noires et stériles, était d'une chaleur si suffocante que je n'en pouvais presque plus. Ensuite, lorsque j'eus atteint l'Alarm-house (maison d'alarme), qui n'est qu'à un mille et demi plus loin, un vent vigoureux et froid emporta mon chapeau dans le Devil's Punch-Bowl (Bol à punch du Diable) : je m'attendais à le suivre avec mon cheval, qui pouvait à peine se tenir sur ses jambes. Arrivée à Hut's Gate, à environ trois quarts de mille au delà, le climat changea de nouveau; un brouillard épais descendit de Diona's Peak, et m'enveloppa pendant quelque temps dans l'obscurité. Tout à coup cette brume se dissipa comme par magie, et mes yeux furent enchantés à l'aspect d'une rangée de montagnes couvertes de verdure, au pied desquelles s'étendait une vallée embellie de fleurs. J'eus à peine le temps d'admirer ce tableau : une ondée que le vent poussait avec violence m'assaillit, et je fus complétement trempée avant d'arriver à la porte Longwood. D'abord je crus que le temps m'avait un peu desservie; mais, ayant demandé à un des domestiques natifs de l'île si des changemens si étranges étaient communs en ces lieux, il fut surpris, et répondit: Je ne vois rien d'extraordinaire; il fait toujours le même temps dans ces endroits-ci.

. . . .

« Voici les observations que j'ai faites sur ces lieux. Je commençai à monter du moment que je fus sortie de James' Town, et je ne cessai qu'au moment de la première hauteur, à près de trois milles de distance. Le chemin est si escarpé, si scabreux, si étroit, qu'il n'y a tout juste de place que pour deux chevaux de front. Bientôt je me trouvai à une si grande élévation, que j'eus des vertiges lorsque j'abaissai les yeux sur les environs de la ville, qui s'étendent à quelque distance dans une vallée étroite, entre deux rocs noirs fort élevés et stériles. Ils n'offrent aucune végétation, et l'on dirait qu'ils vont, en certains endroits, s'écrouler sur la tête des habitans. Cette route désolée, que rien ne protége contre les rayons brûlans du soleil, se nomme Side-path (Sentier latéral). Je fus étonnée du nombre prodigieux de souris qui sortaient continuellement des rochers, et couraient entre les pieds de mon cheval : je craignais que cela ne le fît broncher, mais il n'y prenait pas garde. Parvenue sur la colline qui domine les Briars (résidence temporaire de Bonaparte), je contemplai avec une émotion indicible la petite chaumière où il habitait, et j'eus bientôt la bonne fortune de voir sortir l'ex-empereur, accompagné de son secrétaire, le comte de Las-Cases. Les Briars sont situés dans une espèce de vallée, au sein d'un amphithéâtre de rocs. C'est un point de beauté et de culture au milieu de la désolation. Une fois au sommet de la colline des Briars, je ne croyais pas qu'il fût possible que j'eusse à monter plus haut; mais quel fut mon étonnement lorsqu'en tournant le coin de cette éminence j'en aperçus une autre en face de moi, presque perpendiculaire et infiniment plus escarpée que celle que je venais de gravir, surtout lorsque j'appris que j'en avais encore trois à monter avant d'arriver au cap Deadwood! Du haut de la seconde colline je voulus voir Jame's-Town, qui me parut un tas de maisons de cartes.

éparses dans une gorge étroite. La route s'élargit alors, mais on ne découvre ni arbres ni végétaux; ce ne sont de tous côtés que des ravins sauvages et béans, des rocs d'une forme bizarre ou hideuse. En arrivant à la maison d'alarme, poste d'où l'on découvre les vaisseaux à une grande distance, l'Océan, les rades, un grand nombre de navires à l'ancre, les brides de garde qui croisaient au vent et sous le vent de l'île, s'offrirent distinctement à ma vue. Pour la première fois j'aperçus Longwood dans le lontain, de l'autre côté du Devil's Punch-Bowl. Ce Bol est parfaitement nommé; c'est en effet une cavité pleine d'horreurs volcaniques énormes, et d'un aspect vraiment diabolique; rien n'y soulage l'œil qu'un petit endroit cultivé près du fond, contraste étrange avec l'aridité qui l'environne. Là vous voyez deux jolies chaumières auxquelles sont attenans des jardins ornés de fruits et de fleurs : on dirait que ces objets sont tombés de quelque région plus fortunée dans ce Bol à punch du Démon. Changement de scène à Hut's Gate. Diana's Peak, revêtu d'une double verdure, et s'élevant presque jusqu'aux nuages, laisse apercevoir à sa base Fischer's Valley, qui déploie dans ses anfractuosités des beautés de plusieurs genres, et renferme une charmante maison, ainsi que des bouquets d'arbres. Cette vallée procure un agréable soulagement après une scène de désolation et d'aridité aussi fatigante que celle que j'avais traversée. Au de là des portes de Longwood je découvris le camp de Deadwood. La vue pittoresque des tentes dans les bois, leur blancheur éclatante, qui formait un contraste frappant avec l'ombrage bleu foncé des arbres à gomme, produisirent sur moi un effet piquant et nouveau; je croyais qu'un ensemble plus intéressant ne s'était jamais présenté à mes regards. Plus j'approchais cependant, moins j'admirais l'aspect des arbres; le vent alisé les avait tous penchés du même côté; et après les avoir examinés moi-même, après m'en être informée, je fus surprise d'apprendre qu'ils sont d'une nature si pernicieuse, qu'il y a sous chaque arbre un espace considérable noirci et rendu improductif par leurs funestes émanations. Ils ont une forme singulière, ressemblant en quelque sorte à un parapluie. Leur feuille est très petite et étroite. . . . . »

LE MÊME.

(9) « On assure que le duc de Wellington, revenant des Indes en Angleterre sur une frégate commandée par le capitaine Cockburn (aujourd'hui sir George), relâcha à l'île de Sainte-Hélène, où il resta quelques jours. Lorsque Napoléon était à l'île d'Elbe, on dit aussi que sa grâce suggéra au congrès l'idée de le faire transférer à Sainte-Hélène, en disant que ce dernier lieu était le plus convenable à son emprisonnement perpétuel, d'après la connaissance locale qu'elle en avait acquise elle-même. Si ce fait est véritable, il est possible que le noble duc considère ce

trait comme un de ses plus beaux titres à la gloire, et comme n'étant surpassé que par la générosité et l'humanité qu'il a déployées à l'égard de Ney. »

LE MÊME.

(10) « 4 septembre 1817. Depuis quelques jours le temps est extrêmement pluvieux ; aussi Napoléon a-t-il fait allumer du feu dans les quatre chambres dont il se sert d'ordinaire. Comme il ne peut endurer l'odeur du charbon de terre, on a été obligé de brûler du bois, dont la disette est fort grande. J'ai trouvé Navarre qui brisait une couchette et quelques rayons pour alimenter les cheminées. Cipriani s'est adressé au capitaine Blackney pour le prier de faire passer aux pourvoyeurs une lettre dont l'objet était de les inviter à envoyer trois mille livres pesant de bois à brûler, qui leur seraient payées par l'établissement, puisque le gouverneur ne voulait en accorder que trois cents pesant par jour, ce qui faisait environ un tiers de la consommation journalière, attendu la grande humidité de l'atmosphère de Longwood.

« Il y pleut, terme moyen, cent trente-cinq jours par an ; la quantité d'eau versée y excède, par année, suivant les calculs de Banks, de douze, treize pouces, la quantité qu'il en tombe en Angleterre, qui est de trente-trois, trente-huit pouces.

« 7 du même mois. Le comte Montholon nous a fait venir, le capitaine Blackney et moi, aujourd'hui, pour examiner l'état des appartemens. Les chambres, surtout la chambre à coucher de la comtesse, celle des enfans et la salle de bain, étaient dans un état affreux, à cause de l'extrême humidité du lieu. Les murailles, couvertes d'une couche de moisissure de couleur verdâtre, étaient humides et froides au toucher, quoiqu'on y fît du feu continuellement. Je n'avais jamais vu d'habitation humaine dans un tel état d'humidité et de moisissure : l'officier d'ordonnance en a jugé de la même manière. »

LE MÊME.

27 septembre 1819. L'humidité était excessive dans les deux pièces ; elle attaquait, détruisait tout : le mauvais nankin qui servait de tapisserie tombait en lambeaux ; nous le remplaçâmes. . . . »

ANTOMMARCHI.

A l'appui de toutes ces citations, et de la description si peu attrayante de l'île que l'on avait donnée pour séjour à celui qui avait tenu les destinées de l'Europe entre ses mains, nous allons mettre sous les yeux de nos lecteurs les tableau des *observations météorologiques* faites à Longwood pendant les années 1816 et 1817. Elles parleront plus haut que ne pourraient le faire toutes nos réflexions.

Observations météorologiques faites à Longwood pendant les années 1816 *et* 1817.

AVRIL 1816.

DATES.	MIDI.	REMARQUES.
	Fahreinheit.	
1	73° 1	Pluie légère.
2	72	*Id.*
3	73	*Id.*
4	72	Assez beau temps.
5	72	Pluie.
6	72	Pluie et brouillard.
7	70	*Id.* *Id.*
8	70	*Id.* *Id.*
9	71	Pluie légère.
10	68	Pluie et brouillard.
11	70	*Id.* *Id.*
12	66	*Id.* *Id.*
13	69	*Id.* *Id.*
14	68	*Id.* *Id.*
15	70	*Id.* *Id.*
16	70	*Id.* *Id.*
17	66	*Id.* *Id.*
18	68	*Id.* *Id.*
19	69	*Id.* *Id.*
20	70	Pluie.
21	70	*Id.*
22	70	Pluie et brouillard.
23	72	Pluie p. m.
24	67	Pluie et brouillard.
25	70	Beau temps.
26	70	*Id.*
27	69	Beau temps à. m. ; pluie légère p. m.
28	68	Pluie légère.
29	66	Pluie légère et beaucoup de vent.
30	69	Pluie forte et grand vent.

MAI 1816.

DATES.	MIDI.	REMARQUES.
	Fahreinheit.	
1	70°	Pluie légère.
2	69	*Id.*
3	70	Pluie très légère.
4	68	Pluie.
5	70	*Id.*
6	70	*Id.*
7	69	*Id.*
8	66	*Id.*
9	68	*Id.*
10	66	*Id.*
11	69	*Id.*
12	68	*Id.*
13	70	Pluie très légère.
14	68	Pluie.
15	70	*Id.*
16	68	*Id.*
17	70	Pluie légère.
18	70	Pluie.
19	68	*Id.*
20	66	*Id.*
21	70	Plnie légère.
22	72	Beau temps.
23	72	Pluie légère.
24	70	*Id.*
25	68	*Id.*
26	68	Beau temps.
27	68	Pluie légère.
28	65	*Id.*
29	65	Pluie.
30	66	*Id.*
31	65	*Id.*

JUIN 1816.

DATES.	MATIN.	MIDI.	REMARQUES.
	Fahreinheit.	Fahreinheit.	
1	»	64	Pluie et brouillard.
2	»	64	*Id.*
3	»	64	Pluie légère.
4	»	64	*Id.*
5	»	64	*Id.*
6	»	63	*Id.*
7	»	63	A. m. pluie legère.
8	»	64	Pluie légère.
9	»	62	Pluie et vent.
10	»	60	Pluie, vent et brouillard.
11	»	64	A. m. pluie, vent et brouillard.
12	60	62	Vent; temps généralement beau.
13	60	62	Vent, pluie.
14	»	64	Pluie légère.
15	»	64	Beau temps.
16	61	65	Pluie et beau temps alternativement.
17	60	64	Pluie.
18	»	63	*Id.*
19	»	»	Brouillard, vent.
20	»	64	Pluie et vent.
21	»	»	*Id.*
22	»	62	Pluie, vent et brouillard.
23	»	»	Vent, mais beau temps.
24	61	64	Beau temps et vent.
25	»	»	Pluie. - - P. m. pluie et vent.
26	»	»	Pluie et vent.
27	»	63	*Id.*
28	60	»	Pluie légère.
29	61	64	*Id.* brouillard.
30	60	»	*Id.* *Id.*

FÉVRIER 1817.

DATES.	MATIN.	MIDI.	SOIR.	REMARQUES.
	Fahrenh.	Fahrenh	Fahrenh.	
1	68	71	69	Grande pluie, beau temps et vent.
2	66 ½	70	68	Vent, pluie et brouillard.
3	»	69	67 ½	*Id.* *Id.*
4	»	70	68	*Id.* *Id.*
5	67	72	69	Le matin, beau temps ; le soir, pluie.
6	71 ½	70	67 ½	Vent, temps généralement beau.
7	67	»	67	*Id.* *Id.*
8	66 ½	»	68	Pluie légère.
9	67 ¾	73	69	Vent léger, beau temps.
10	68	»	69	*Id.* *Id.*
11	69	69	68 ½	Vent, pluie et brouillard.
12	67	»	»	*Id.* *Id.*
13	»	»	67	Vent, pluie légère et brouillard.
14	67	»	67 ¼	*Id.* *Id.*
15	»	»	67	Vent, pluie légère et brouillard. Le soir, grande pluie.
16	66	»	67 ½	Brouillard et grande pluie.
17	67	72	69	Vent léger et beau temps.
18	66 ½	74	68 ½	*Id.* *Id.*
19	68	71	69	Beaucoup de pluie.
20	68	71	68	Beaucoup de pluie, brouillard et vent.
21	67 ½	69	»	Grande pluie et brouillard.
22	68	72	69	Vent léger et grande pluie.
23	»	69	»	Vent léger, grande pluie et brouill.
24	»	70	68	Vent léger, pluie et brouillard.
25	67 ¾	»	68	Beau temps.
26	»	72	68 ½	Beau temps, vent léger.
27	68	71	68	Beau temps, brises fraiches.
28	67	70	»	Grand vent, pluie et brouillard.

MARS 1817.

DATES.	MATIN.	MIDI.	SOIR.	REMARQUES.
	Fahrenh.	Fahrenh.	Fahrenh.	
1	68	69	68	Vent, brouillard et pluie.
2	67 ½	70	»	*Id.* *Id.*
3	»	71	69	Brises fraîches et brouillard.
4	67 ½	72	»	Brises fraîches, brouillard et pluie.
5	67	71	67	Brises fraîches, nuages et pluie légère.
6	66 ½	72	68	Vent modéré et beau temps.
7	67	71 ½	69	Vent, pluie et brouillard.
8	67 ½	72	70	*Id.* *Id.*
9	69	71	69	Vent léger, nuages et pluie.
10	68	73 ½	71	Vent léger, beau temps.
11	69	73	»	Généralement beau, vent léger.
12	»	»	70	Brises fraîches, brouillard et pluie.
13	69 ½	71	69	Brises fraîches, brouill. et pluie légère.
14	»	72	68	Beau temps, grand vent.
15	68	71	69	Nuages, mais beau temps.
16	68 ½	73	70 ½	Vent léger, pluie et brouillard.
17	69	»	70	*Id.*
18	»	74	71	Vent léger et beau temps.
19	70 ⅓	72	69	Vent, brouill. et pl. de temps à autre.
20	68	69 ½	67 ½	Vent, brouillard et grande pluie.
21	67	70	»	*Id.* *Id.*
22	67 ½	69 ½	68 ½	Vent léger, pluie.
23	68	69	68	Vent léger, pluie et brouillard.
24	67 ½	71	68 ½	Grand vent et beau temps.
25	68 ½	73 ½	71	Temps pluvieux.
26	69	71	69	*Id.*
27	»	72 ½	70	*Id.*
28	»	71	68	Le matin, pluie; le soir, beau temps.
29	67	72	70 ½	Beau temps.
30	69	70	69	Pluie légère.
31	»	71	70	Le matin, nuages; le soir, pluie.

« Napoléon n'a jamais eu le choix de son établissement à Sainte-Hélène. Le *Northumberland* mouilla en rade de James-Town le 15 octobre 1815; on était impatient de toucher terre, après trois mois de navigation; les femmes et les enfans en avaient un plus pressant besoin encore. Cependant l'amiral fit connaître que, d'après les instructions de lord Bathurst, les Français devaient rester à bord jusqu'à ce que leur établissement fût préparé. Cette nouvelle consterna l'équipage, qui devait être consigné pour ce temps. L'amiral débarqua; vingt-quatre heures après, il dit que l'île était misérable; que toutes les maisons qu'il avait vues étaient de petits *cottages* (huttes, chaumières), n'ayant que deux chambres; que, d'après les renseignemens qu'il avait recueillis, il n'y avait dans l'île de convenable que les trois maisons dont le choix lui était interdit par ses instructions; le château ou le logement de ville du gouverneur, la maison de ville du lieutenant gouverneur, et Plantation-House, maison de campagne du gouverneur; les deux premières parce qu'elles étaient en ville. Pourquoi a-t-on exclu Plantation-House? C'est un mystère qui ne peut s'expliquer que par l'ensemble de toutes les mesures. L'amiral dit qu'étant ainsi lié par ses instructions, il avait choisi Longwood; qu'il y avait quatre chambres, et qu'en deux ou trois mois, il pouvait, avec les charpentiers de ses vaisseaux, y établir, en bois, les additions nécessaires; qu'il comprenait tout ce qu'avait de barbare l'exécution de ses instructions, de laisser les Français à bord pendant trois mois encore; qu'il allait donc les débarquer sous vingt-quatre heures, et avait, à cet effet, retenu un hôtel garni près du château. Ce logement était sans doute préférable au *Northumberland;* mais il était insupportable pour l'Empereur. Il y occupa une petite chambre au second; il y était exposé à toute l'incommodité de la curiosité publique. A la pointe du jour, il monta à cheval, et se rendit à Longwood. L'aspect lui en parut affreux; mais tout était préférable à la ville. Il eût donc voulu s'y établir tout de suite, même sous une tente. De retour à la hauteur de Briars, la répugnance était invincible pour rentrer dans l'hôtel garni de la ville; il préféra occuper une chambre de quinze pieds carrés, près du *cottage* de Briars; il eût préféré la cabane du paria. Il eût été cependant facile de l'établir convenablement, en logeant tous les Français dans le château, maison de ville du gouverneur, celui-ci étant alors à Plantation-House. Cette maison ayant de grandes pièces, une cour, une terrasse, n'avait aucun des inconvéniens de l'hôtel garni.

« Sept ou huit *store-ships* sont arrivés en mai et juin 1816, en rade de James-Town, chargés d'environ 60,000 livres sterl. de matériaux, bois, tuiles, etc., propres à construire une maison. Plus tard, le store-ship *Adolphus* apporta pour 16,000 à 20,000 l. st. de grilles de fer. Le transport de ces matériaux de la mer sur les montagnes, l'achat du terrain et les frais de construction, ont été évalués à 60,000 liv. st., réparties en six ans de travaux. C'était donc une somme de 18,000 l. st. qui était destinée par le gouvernement anglais, pour procurer, dans six ans, une habitation aux détenus. Pour consentir à une dépense aussi considérable, le ministre était convaincu qu'il n'y avait pas d'autre habitation convenable sur ce rocher que celle de Plantation-House; en ce cas, pourquoi l'excluait-il? car la raison qu'elle n'est point propre à la garde est ridicule, et ne peut être soutenue: la garde de Plantation-House est plus facile que celle de Longwood. La raison de cette singulière exclusion est donc un mystère. Mais n'était-il pas obligé de fournir un logement à Sainte-Hélène? Était-ce remplir cette obligation que d'exclure les trois seules habitations existantes dans cette île, propres à cette destination, et d'envoyer une maison au carmin et à l'encre de la Chine, et des matériaux, avec l'assurance que l'on aurait une maison dans six ans? Sur le point le plus affreux du monde, on a pris toutes les mesures pour empêcher que l'on s'aidât des ressources locales de ce pauvre pays; on n'a pas épargné les souffrances; on a établi aussi mal que possible; et deux millions de matériaux se détériorent et se pourrissent dans le port. C'est autant d'argent jeté à la mer. »

O'Meara.

(11) *Du comte Bertrand à lord Liverpool.*

Longwood, ce 2 septembre 1820.

« Milord,

« J'ai eu l'honneur de vous écrire le 25 juin 1819, pour vous faire connaître l'état de santé de l'empereur Napoléon, attaqué *d'une hépatite chronique* depuis le mois d'octobre 1817.

« A la fin de septembre dernier, est arrivé le docteur Antommarchi, qui lui a donné des soins; il en a d'abord éprouvé quelque soulagement; mais, depuis, ce docteur a déclaré, comme il résulte de son journal et de ses bulletins, que le malade est venu à un état tel que les remèdes ne peuvent plus lutter contre la malignité du climat; qu'il a besoin des eaux minérales; que tout le temps qu'il demeurera dans ce séjour ne sera qu'une pénible agonie; qu'il ne peut éprouver de soulagement que par son retour en Europe, ses forces étant épuisées par cinq ans de séjour dans cet affreux climat, privé de tout, en proie aux plus mauvais traitemens.

« L'Empereur me charge donc de vous demander d'être transféré dans un climat européen, comme le seul moyen de diminuer les douleurs auxquelles il est en proie.

Signé le comte Bertrand. »

Le 10 novembre 1816, M. O'Meara écrit officiellement au gouverneur, sir Hudson Lowe. *Il lui déclare que si Napoléon* continuait plus long-temps à être enfermé et à ne pas prendre d'exercice, il en résulterait quelque maladie sérieuse qui, selon toutes les probabilités, lui serait fatale.

L'extrait suivant d'une lettre officielle, en date du 28 octobre 1818, de M. O'Meara aux lords de l'Amirauté fait assez clairement connaître quelle était encore, à cette époque, l'opinion de ce médecin sur la nature de la maladie de l'Empereur, et le danger qu'il y avait pour sa vie à le laisser exposé plus long-temps à l'influence du climat meurtrier de Sainte-Hélène. *Leurs justes et honorables Seigneuries*, quoique bien et officiellement informées, ne jugèrent pas apparemment qu'il fût de leur dignité de faire quelque attention à un avis venu de si bas, et aucune amélioration ne fut apportée dans un système qui leur était signalé comme devant entraîner avant peu la mort de celui contre qui il était dirigé.

« Je crois qu'il est de mon devoir, comme étant le dernier homme de l'art qui ait traité l'Empereur, de déclarer que, considérant *la maladie du foie* dont il est attaqué, les progrès qu'elle a faits; réfléchissant aussi sur la grande mortalité occasionée par cette maladie dans l'île de Sainte-Hélène (fait que prouve assez le nombre des décès qui ont eu lieu dans le soixante-sixième régiment, le régiment de Sainte-Hélène, l'escadre, parmi les Européens généralement, en particulier sur le vaisseau de S. M. *le Conqueror*, qui a perdu environ un sixième de son équipage, dont presque la moitié sont morts pendant les huit derniers mois), mon opinion est que la vie de Napoléon Bonaparte sera en danger par un plus long séjour dans un climat tel que celui de Sainte-Hélène, surtout si les inconvéniens de ce séjour sont encore aggravés par une continuation des tracasseries et des irritations auxquelles il a été jusqu'à présent exposé, et que la nature de sa maladie lui rend particulièrement sensible.

Signé BARRY E. O'MEARA,
chirurgien de la marine royale. »

A John Wilson Croker, esq.
secrétaire de l'Amirauté.

Hôtel de Lyon, 19 juin.

« Milord,

« J'ai su, par plusieurs personnes respectables, récemment arrivées de Sainte-Hélène, qu'il était de notoriété publique dans cette île que Napoléon Bonaparte était atteint d'une maladie dangereuse, et que, si des secours ne lui étaient pas promptement administrés, la fin de son existence n'était pas très éloignée. Ces nouvelles m'ont été confirmées par le vénérable ecclésiastique que ses infirmités ont obligé de quitter dernièrement le service de Napoléon, qu'on a emprisonné pendant une semaine à bord du *Flamen*, et qu'on a forcé de passer sur le continent, sans lui permettre de descendre à terre. J'ai appris en outre que Napoléon avait demandé l'assistance de quelques médecins d'Europe, et que sa demande avait été communiquée à V. S. Dans ces circonstances, je crois devoir à mon pays et à moi-même de vous informer qu'ayant eu des occasions plus fréquentes d'observer les particularités de la constitution de Napoléon pendant les trois années que j'ai passées auprès de lui, que toute autre personne de mon état qui pouvait consentir à partager son exil, je me croirais impardonnable si je négligeais de lui offrir mes soins par l'entremise de V. S., quand il est probable qu'ils peuvent lui être plus utiles dans sa malheureuse situation que ceux d'un médecin dont les talens pouvaient être supérieurs aux miens, mais qui n'avait pas la même connaissance du tempérament de son malade.

« Votre Seigneurie me rendra la justice de se rappeler que la crise actuellement arrivée a été prédite par moi, et officiellement annoncée à l'Amirauté à mon retour de Sainte-Hélène, en octobre 1818. Un temps bien court a trop malheureusement justifié une opinion que le simple bon sens suffisait pour faire prononcer, et que la probité la plus ordinaire obligeait de divulguer. Cette opinion était que « la mort prématurée de Napoléon était aussi certaine, sinon aussi prochaine, si le même traitement était continué à son égard, que si on l'avait livré au bourreau. »

« Je désire de plus informer V. S. que si mes offres sont acceptées, je suis prêt à me soumettre à toutes les restrictions qui ne dérogeront point aux principes d'un homme d'honneur, et que je ne demande aucune rémunération du gouvernement, soit pour les frais de mon passage, soit pour le temps où ma résidence auprès de Napoléon sera jugée utile pour sa santé.

Signé O'MÉARA. »

Cette lettre était adressée au comte Bathurst, qui y a répondu par un refus.

Nous ajouterons à ce document, dans lequel son auteur, officier anglais, ne craint pas de faire connaître l'attachement désintéressé qu'il avait voué à l'Empereur, quelques détails sur les raisons qui ont privé ce grand homme d'un médecin de son choix, et de la consolation de voir venir à lui quelques amis qui eussent environné son lit dans le moment suprême.

Au commencement de l'année 1821, on fut informé que l'Empereur demandait qu'il fût permis à un médecin et à quelques unes des personnes qui avaient été attachées à sa personne ou à quelqu'un de sa famille d'aller le joindre : je fus compris au nombre de celles qui firent des démarches pour connaître, à ce sujet, les dispositions du ministère anglais. On apprit que le départ d'Europe serait probablement autorisé, mais aussi qu'on pouvait justement craindre que, lorsqu'on serait arrivé à la hauteur de Sainte-Hélène, il ne fût pas permis de débarquer, et que, suivant le bon plaisir du gouverneur de l'île, on ne fût envoyé au cap de Bonne-Espérance, pour y croupir, comme on avait essayé de le faire à l'égard du comte de Las Cases, sans avoir pu remplir la mission qu'on aurait acceptée. Ce fut au fort de ces démarches qu'on apprit tout à coup la mort de l'Empereur.

Extrait d'une lettre du comte Bertrand à son É. le cardinal Fesch, lui annonçant la mort de Cipriani.

Longwood, 22 mars 1818.

« Monseigneur,

. . . .

« Cipriani est mort d'une inflammation du bas-ventre. Il est mort le vendredi, et le dimanche précédent il avait fait son service sans aucun pressentiment. Un enfant d'un des domestiques du comte de Montholon était mort à Longwood quelques jours auparavant. Une femme de chambre est morte, il y a quelques jours, d'une même maladie. C'est l'effet du climat malsain de ce pays, où peu d'hommes vieillissent (1). Les maux de foie, la dyssenterie et les inflammations du bas-ventre font beaucoup de victimes parmi les naturels, mais surtout parmi les Européens. Nous avons senti dans cette circonstance, et nous sen-

---

(1) Le mauvais état de santé dans lequel sont revenus successivement de Sainte-Hélène, MM. Las Cases père et fils, M. Gourgaud, madame de Montholon, M. Marchand, etc, qui entouraient l'Empereur à Longwood, dépose assez de l'insalubrité de ce funeste lieu.

tons tous les jours le besoin d'un ministre de notre religion. Vous êtes notre évêque, nous désirons que vous nous envoyiez un Français ou un Italien. Veuillez, dans ce cas, faire choix d'un homme instruit, ayant moins de quarante ans, et surtout d'un caractère doux, et qui ne soit pas entêté des principes anti-gallicans.

« Le sieur Pierron, officier, a pris le service de maître d'hôtel; mais il a été très malade, et quoique convalescent, est encore en mauvais état. Le cuisinier est aussi dans la même situation. Il serait donc nécessaire que vous, ou le prince Eugène, ou l'Impératrice, envoyassiez un maître d'hôtel et un cuisinier français ou italien, de ceux qui ont été au service de l'Empereur, ou qui le seraient des maisons de sa famille.

. . . .

« Je ne veux pas vous affliger en vous parlant de la santé de l'Empereur, qui est peu satisfaisante. Cependant son état n'a pas empiré depuis les chaleurs. Je pense que vous cacherez ces détails à Madame mère. N'ajoutez aucune foi à toutes les fausses relations qu'on peut faire en Europe. Tenez comme règle et comme seule chose vraie que, depuis vingt-deux mois, l'Empereur n'est pas sorti de son appartement, si ce n'est quelquefois et rarement pour venir voir ma femme. Il n'a guère vu personne, si ce n'est deux ou trois Français qui sont ici, et l'ambassadeur anglais à la Chine.

« Je prie Votre Éminence de présenter mes respects à Madame mère et aux personnes de sa famille, et d'agréer les sentimens avec lesquels j'ai l'honneur d'être, etc.

Signé Comte BERTRAND. »

Le comte de Montholon à S. A. la princesse Pauline Borghèse.

Longwood, Sainte-Hélène, le 17 mars 1821.

« Madame,

« Napoléon me charge de rendre compte à Votre Altesse de l'état déplorable de sa santé. La *maladie de foie dont il est attaqué depuis plusieurs années*, laquelle est endémique et mortelle à Sainte-Hélène, a fait d'effrayans progrès depuis six mois. Le soulagement qu'il avait éprouvé par le traitement du docteur Antommarchi n'a point eu de durée. Plusieurs rechutes ont eu lieu depuis le milieu de l'année dernière, et chaque jour le malade décline davantage; sa faiblesse est extrême. Il peut à peine supporter la fatigue de sa voiture pendant une demi-heure, les chevaux allant le pas; il ne peut marcher dans sa chambre sans appui. A l'*affection du foie* se joint une autre maladie, également endémique dans cete île. Les intestins sont dangereusement attaqués; les fonctions digestives ont suspendu leur cours, et l'estomac rejette tout ce qu'il reçoit. Depuis longtemps l'Empereur ne peut manger ni pain, ni viande, ni végétaux; il n'est soutenu que par quelques gelées.

Le comte Bertrand a écrit à lord Liverpool, au mois de septembre dernier, pour demander que Napoléon soit transporté dans un autre climat, et pour lui faire connaître l'extrême nécessité de lui envoyer des eaux minérales.

« J'ai confié à M. Bonavita une copie de cette lettre. Le gouverneur sir Hudson Lowe a refusé de permettre qu'elle fût envoyée au gouvernement, sous le vain prétexte que je donnais à Napoléon le nom d'empereur. M. Bonavita part aujourd'hui pour Rome. Il a éprouvé les plus cruels effets du climat de Sainte-Hélène.

« Une année de séjour ici lui coûte dix années de sa vie. La lettre que le docteur Antommarchi lui a remise pour S. E. le cardinal Fesch donnera à Votre Altesse de nouveaux détails sur la maladie de l'Empereur. Les journaux de Londres publient continuellement des lettres datées de Sainte-Hélène dont le but est évidemment d'en imposer à toute l'Europe. Napoléon compte sur Votre Altesse pour faire connaître sa véritable situation à quelque autorité anglaise. Il meurt sur un rocher affreux; son agonie est épouvantable.

« Daignez recevoir, Madame, etc.

Signé le Comte Montholon. »

Lettre de la princesse Pauline Borghèse à lord Liverpool.

Rome, le 11 juillet 1821.

« Milord,

« L'abbé Bonavita, arrivé de l'île Sainte-Hélène, qu'il a quittée le 17 mars dernier, nous a apporté les nouvelles les plus alarmantes de la santé de mon frère. Je vous envoie ci-incluse copie des lettres qui vous donneront les détails de ses souffrances physiques. La maladie dont il est attaqué est mortelle à Sainte-Hélène. Au nom de tous les membres de sa famille, je réclame du gouvernement anglais qu'il soit changé de climat. Si la demande ci-jointe m'était refusée, ce serait pour lui une sentence de mort; et je prie qu'il me soit permis de partir pour Sainte-Hélène afin d'aller rejoindre l'Empereur, et de recevoir son dernier soupir.

« Ayez, s'il vous plaît, Milord, la bonté de solliciter cette autorisation de votre gouvernement, afin que je puisse partir le plus tôt possible. L'état de ma santé ne me permettant pas de voyager par terre, mes intentions sont de m'embarquer à Civita-Vecchia, pour me rendre de là en Angleterre, et y profiter du premier vaisseau qui fera voile pour Sainte-Hélène; mais je désire qu'il me soit permis d'aller à Londres pour me procurer tout ce qui me sera nécessaire pour un si long voyage. Si votre gouvernement persiste à laisser périr Napoléon sur le rocher de Sainte-Hélène, j'espère que Votre Seigneurie, afin d'aplanir toutes les difficultés qui pourraient retarder mon départ, étendra sa sollicitude jusqu'à vouloir bien s'interposer pour que la cour de Rome ne mette pas obstacle à mon voyage. Je sais que les momens de Napoléon sont comptés, et je me reprocherais éternellement de n'avoir pas employé tous les moyens qui pourraient être en mon pouvoir d'adoucir ses dernières heures, et de lui prouver tout mon dévouement. S'il se trouvait quelque vaisseau anglais dans le port de Livourne au moment de mon départ, je demande comme une faveur qu'il soit permis à l'un d'eux de me prendre à Civita-Vecchia, et de me transporter en Angleterre.

« Je vous prie, Milord, de vouloir bien communiquer ma lettre et les copies ci-incluses à lady Holland, qui a toujours donné les preuves du plus grand intérêt à Napoléon, de lui assurer mes sentimens d'amitié, et de recevoir pour vous-même ceux de ma considération.

Signé la Princesse PAULINE BORGHÈSE. »

Lettre du comte Montholon à sir Hudson Lowe.

(12) « Le ministère anglais a fait transporter l'empereur Napoléon à Sainte-Hélène, à deux mille lieues de l'Europe. Ce rocher situé sous le tropique, à cinq cents lieues de tout continent, est soumis à la chaleur dévorante de cette latitude; il est couvert de nuages

et de brouillards les trois quarts de l'année; c'est à la fois le pays le plus sec et le plus humide du monde. Ce climat est le plus contraire à la santé de l'Empereur. C'est la haine qui a présidé au choix de ce séjour, comme aux instructions données aux officiers commandans de ce pays......

« C'est le même esprit de haine qui a ordonné que l'empereur Napoléon ne pût écrire ni recevoir aucune lettre sans qu'elle fût ouverte et lue par les ministres anglais et les officiers de Sainte-Hélène. On lui a par là interdit la possibilité de recevoir des nouvelles de sa mère, de sa femme, de son fils et de ses frères, et lorsque, voulant se soustraire à l'inconvénient de voir ses lettres lues par des officiers subalternes, il a voulu envoyer des lettres cachetées au prince régent, on a répondu qu'on ne pouvait se charger que de laisser passer des lettres ouvertes; que telles étaient les instructions du ministère. Cette mesure n'a pas besoin de réflexions : elle donnera d'étranges idées de l'administration qui l'a dictée; elle serait désavouée à Alger même......

« L'île de Sainte-Hélène a dix lieues de tour; elle est inabordable de toutes parts; des bricks enveloppent la côte; des postes placés sur le rivage peuvent se voir de l'un à l'autre, et rendent impraticable la communication avec la mer. Il n'y a qu'un seul petit bourg, James-Town, où mouillent et d'où s'expédient les bâtimens. Pour empêcher un individu de s'en aller de l'île, il suffit de surveiller la côte par terre et par mer.

En interdisant l'intérieur de l'île on ne peut donc avoir qu'un but, celui de priver d'une promenade de huit ou dix milles qu'il serait possible de faire à cheval, et dont, d'après la consultation des hommes de l'art, la privation abrége les jours de l'Empereur. On a établi l'Empereur dans l'habitation de Longwood, exposée à tous les vents : terrain stérile, inhabité, sans eau, n'étant susceptible d'aucune culture. Il y a une enceinte d'environ mille deux cents toises incultes. A onze ou douze cents toises, sur un mamelon, on a établi un camp ; on vient d'en placer un autre à peu près à la même distance, dans une direction opposée, de sorte qu'au milieu de la chaleur du tropique, de quelque côté qu'on regarde on ne voit que des camps. L'amiral Malcolm ayant compris l'utilité dont une tente serait pour l'Empereur, dans cette position, en a fait établir une à vingt pas de la maison ; c'est le seul endroit où l'on puisse trouver de l'ombre. Toutefois, l'Empereur n'a lieu que d'être satisfait de l'esprit qui anime les officiers et les soldats du brave 53e, comme il l'avait été de l'équipage du *Northumberland.* La maison de Longwood a été construite pour servir de grange à la ferme de la Compagnie ; depuis, le sous-gouverneur de l'île y a fait établir quelques chambres : elle lui servait de maison de campagne ; mais elle n'était en rien convenable pour une habitation. Depuis un an qu'on y est, on y a toujours travaillé, et l'Empereur a constamment eu l'incommodité et l'insalubrité d'habiter une maison en construction.

La chambre dans laquelle il couche est trop petite pour contenir un lit d'une dimension ordinaire; mais toute bâtisse à Longwood prolongerait l'incommodité des ouvriers.

« Il existe cependant dans cette misérable île de belles positions offrant de beaux arbres, des jardins et de belles maisons, entre autres Plantation-House; mais des instructions positives de votre ministère vous interdisent de donner votre maison, ce qui eût épargné beaucoup de dépenses employées à bâtir à Longwood des cahutes couvertes de papier goudronné, et qui déjà sont hors de service. Vous avez interdit toute correspondance entre nous et les habitans de l'île; vous avez mis de fait la maison de Longwood au secret; vous avez même entravé la communication avec les officiers de la garnison. On semble s'être étudié à nous priver du peu de ressources qu'offre ce misérable pays; et nous y sommes comme nous serions sur le rocher de l'Ascension. Depuis quatre mois que vous êtes à Sainte-Hélène, vous avez, Monsieur, empiré la position de l'Empereur. Le comte Bertrand vous a fait observer que vous violiez même la loi de votre législature, que vous fouliez aux pieds les droits des officiers-généraux prisonniers de guerre; vous avez répondu que vous connaissiez la lettre de vos instructions, qu'elles étaient pires encore que ne nous paraissait votre conduite.

J'ai l'honneur d'être, etc.

Le *comte* DE MONTHOLON. »

Lettre du même au même.

Longwood, 8 juillet 1816.

« Monsieur le gouverneur,

« J'ai eu l'honneur de recevoir votre lettre : l'Empereur ayant souffert beaucoup d'un rhumatisme, je n'ai pu la lui communiquer qu'hier soir. Il me dit (ce sont ses propres paroles) : « Cette lettre est écrite dans l'intention de se montrer amical..... C'est un contraste avec les ignobles vexations qui sont journellement imaginées..... Cela ne s'accorde pas avec la conversation que j'ai eue avec sir Hudson Lowe, et à laquelle cette lettre se rapporte. Je n'ai gardé qu'un souvenir pénible de cette conversation, et un pressentiment de quelque chose de sinistre. Cette île est très nuisible à ma santé ; c'est le lieu le plus humide de la terre, et on se fait une étude de rendre ma demeure plus malsaine et plus effroyable. »

« J'ai cru convenable, M. le Gouverneur, de répondre à la confiance que vous avez bien voulu me témoigner en cette occasion, en ne vous déguisant point la manière dont l'Empereur est affecté. Il n'attache que bien peu de prix à tout ce qui concerne le logement, le mobilier et autre chose de cette nature ; votre gouvernement, avec la meilleure intention, ne peut rien faire qui, sur ce roc, nous empêche de continuer à sentir la privation des objets de première nécessité.

« Longwood est la partie la plus malsaine de l'île. Il n'y a ni eau, ni végétation, ni ombre ; on n'a jamais pu y former un jardin potager ; la terre y est desséchée par le vent, ce qui fait que cette partie de l'île est inculte et inhabitée. Si l'Empereur avait été mis à Plantation-House, où sont de beaux arbres, de l'eau et des jardins, il aurait été aussi bien que cette misérable île peut le permettre. S'il est dans vos instructions de bâtir, il serait préférable que ce fût dans un endroit où il y a des arbres, de l'eau et de la végétation. L'idée d'ajouter des ailes au mauvais bâtiment de Longwood aurait toute espèce d'inconvénient ; ce serait augmenter des ruines et occasioner, pendant cinq ou six mois, l'importunité des ouvriers. On ne désire à Longwood que des réparations : depuis deux mois il pleut dans les chambres du comte Las Cases et du baron Gourgaud, ce qui rend ces chambres très malsaines. Il devrait y avoir à Longwood un réservoir d'eau pour servir en cas d'incendie. Les toits sont en grande partie de papier goudronné ; la moindre étincelle peut brûler la maison. Une grande quantité de linge et d'autres effets ont été détruits par les rats, et cela faute d'armoires ou de commodes. Les livres, apportés par la frégate *Newcastle*, ont été exposés au même dégât pendant quinze jours, faute de bibliothèque ou de rayons pour les placer. Le moyen le plus simple de pourvoir à tous ces petits besoins serait, je pense, de s'arranger avec un maître ouvrier pour faire toutes les réparations toutes les fois qu'elles deviendraient nécessaires, et avec un tapissier pour veiller aux meubles dont il aurait la garde. Les gens du métier sont les plus propres à tous ces détails.

J'ai l'honneur d'être, etc.,

Signé le général comte DE MONTHOLON. »

Lettre du comte Bertrand au gouverneur sir Hudson Lowe.

Longwood, 30 septembre 1817.

« Monsieur le gouverneur,

« J'ai fait savoir à l'Empereur que vous m'avez fait l'honneur de venir chez moi il y a deux jours, et que vous m'avez dit que vous aviez éprouvé quelques anxiétés sur sa mauvaise santé, attribuées à son manque d'exercice. Vous demandiez : Pourquoi ne monte-t-il pas à cheval ?

« Je vous ai répondu ce que je vous avais déjà dit en diverses circonstances, et j'ai l'honneur de vous répéter maintenant que l'existence de l'Empereur, particulièrement depuis les six dernières semaines, est extrêmement souffrante ; que ses jambes continuent à enfler de jour en jour ; que les symptômes de scorbut qui se sont manifestés sont déjà tels qu'ils occasionent des douleurs aiguës et presque constantes, que les médecins attribuent en effet au manque d'exercice. Depuis le mois de mai 1816, c'est-à-dire depuis dix-sept ou dix-huit mois, il n'est point monté à cheval, et est à peine sorti de son appartement, si ce n'est, et bien rarement encore, pour venir voir ma femme à environ quarante toises de distance. Vous saviez parfaitement bien ce qui avait empêché et empêchait l'Empereur de sortir : nommément les restrictions du 9 octobre 1816, que vous commençâtes à mettre en exécution six semaines après votre arrivée. Ces restrictions contiennent, entre autres choses, une défense de parler ou d'entendre qui que ce soit dans notre chemin, et d'entrer dans aucune maison. Cela lui fit croire que votre intention était de le compromettre avec les sentinelles, et d'outrager son caractère. Vous m'avez fait observer que vous aviez supprimé cette partie de vos restrictions, et cela est vrai. L'amiral Malcom, à son retour du Cap, vous fit quelques observations à ce sujet, et vous vous décidâtes à les retirer, ce que vous fîtes, par votre lettre du 26 octobre 1816, trois mois après. Mais vous nous avez insinué plusieurs fois que vous vous croyiez autorisé à les rétablir à chaque moment, et avec d'autres encore tout aussi déraisonnables. Les restrictions du 9 octobre contiennent des articles d'une nature aussi extravagante, qui ne sont point annulés. Vos nouvelles restrictions du 14 mars 1817, par lesquelles nous ne devions point sortir d'une route de douze pieds de large, donnent pour résultat que, si l'Empereur quittait cette route pour entrer dans quelque maison, des sentinelles pourraient faire feu sur lui.

« L'Empereur ne doit point se plier à un aussi ignoble traitement. Plusieurs Anglais de distinction, maintenant dans l'île, ne connaissant point les restrictions du 9 octobre 1816 et du 14 mars, reprochaient à l'Empereur de sacrifier sa santé à l'entêtement de ne point sortir ; mais, aussitôt qu'on les leur eut fait connaître, ils changèrent d'opinion, et déclarèrent qu'aucun homme d'honneur ne pouvait agir différemment, et que, sans prétendre se comparer à l'Empereur, ils feraient, dans pareil cas, ce qu'il faisait lui-même.

« J'ajoute que, si vous vouliez consulter les officiers qui sont dans cette colonie, il n'y en a pas un parmi eux qui ne regardât les restrictions du 9 octobre 1816 et du 14 mars comme injustes, inutiles et oppressives, et que tous, à la place de l'Empereur, agiraient comme lui, prenant les conditions que l'on impose à sa sortie pour une défense absolue. J'ai eu aussi l'honneur de vous dire que, selon les termes du bill du parlement, du 11 avril 1816, vous n'avez pas le droit de faire des restrictions ; que le bill n'accorde ce droit qu'au gouvernement, qui ne peut pas le déléguer même à un de ses ministres, et bien moins encore à un simple officier ; que lord Bathurst, dans son discours du mois de mars dans la chambre des pairs, déclarait que vous n'avez point fait de nouvelles restrictions ; que toute sa correspondance a été en faveur des personnes détenues, et que vous aviez les mêmes instructions que votre prédécesseur; que ce prédécesseur avait adapté les restrictions du gouvernement aux circonstances locales d'une manière, sinon convenable, du moins tolérable; que les choses restèrent dans cet état pendant neuf mois, durant lequel temps l'Empereur sortit, admit même quelques officiers anglais à sa table, et eut quelquefois dans sa société les officiers et les habitans de l'île; que cet ordre de choses n'avait point été changé par un acte de votre gouvernement; que, durant ces neuf mois, il n'était résulté aucun inconvénient, et que rien ne pouvait vous autoriser à substituer à cet ordre de choses celui que vous avez établi; que l'Empereur sortirait, monterait à cheval, et reprendrait le même genre de vie, si vous remettiez les choses telles qu'elles étaient lors de votre arrivée; que, dans le cas contraire, vous restez responsable des résultats des restrictions que vous n'aviez aucun droit de faire, et qui, pour l'Empereur, équivalent à une défense absolue de quitter son appartement.

« Vous m'avez dit vous-même, Monsieur, que la chambre de l'Empereur était trop petite; que la maison de Longwood était tout-à-fait mauvaise; que vous l'aviez déclaré à votre gouvernement; que l'Empereur ayant eu une tente élevée l'année dernière, parce qu'il n'avait aucun lieu où il pût se promener à l'ombre, vous aviez proposé d'établir une des barraques de bois des soldats près de la maison, afin que l'Empereur pût s'y promener. J'essayai de lui communiquer votre proposition. Il considéra cette offre comme une mauvaise plaisanterie (telles furent ses paroles), et analogue à la conduite que vous suivez depuis deux ans. Si la maison dans laquelle il se trouve est inconvenante, pourquoi l'y a-t-on laissé pendant deux ans? pourquoi ne lui en donne-t-on pas une située au milieu d'un jardin, entourée d'arbres, d'ombrages et d'eau? pourquoi le laisser sur ce point inculte, exposé au vent, et n'ayant rien qui puisse contribuer à la conservation de sa vie?

« Permettez-moi, Monsieur, de vous faire observer que, si vous ne supprimez pas les restrictions du 9 octobre et du 14 mars, et que si vous ne rétablissez pas les choses comme elles étaient au temps de l'amiral, l'Empereur ne peut point sortir. Il considère et considérera cette détermination comme une volonté de votre part d'occasioner sa mort. Il est entièrement entre vos mains. Vous le faites mourir de maladie, vous pouvez le faire mourir de faim. Il y aurait du profit à le faire mourir d'une balle.

« Si vous assemblez les officiers et les marins de cette place, les principaux officiers de santé, il n'en est pas un qui ne vous dise que vos restrictions sont déshonorantes, et qu'un homme d'honneur doit mourir plutôt que de s'y soumettre; qu'elles ne sont d'aucune utilité à la sûreté de la détention; qu'elles sont illégales. Le texte du bill et le discours de votre ministre ne peuvent laisser aucun doute sur ce point.

« Les officiers de santé vous diront qu'il n'y a pas un moment à perdre, que peut-être dans trois ou quatre semaines il sera trop tard, et, quoique ce prince soit abandonné par la fortune, quoiqu'il y ait en Europe un champ ouvert contre lui à la calomnie et aux libelles, cependant un cri d'indignation s'élèvera avec le temps parmi tous les peuples, parce qu'il y a ici plusieurs centaines de personnes de toutes nations, Français, Anglais et autres, qui auront été témoins de tout ce qu'on a fait pour donner la mort à ce grand homme.

« Je vous ai toujours parlé sur ce point, Monsieur, avec plus ou moins de force. Je ne vous en reparlerai plus; car à quoi bon les dénis, les subtilités, les argumens artificieux? La question gît en deux mots : voulez-vous ou ne voulez-vous pas tuer l'Empereur? Si vous persistez dans votre conduite, vous aurez répondu par l'affirmative, et malheureusement vous atteindrez votre but après quelques mois d'agonie.

« Permettez-moi, en concluant, de répondre au nom des officiers qui sont avec l'Empereur et au mien, à vos lettres des 26 et 29 juillet dernier : Monsieur, vous méconnaissez notre caractère, les menaces n'ont aucun pouvoir sur nous, depuis vingt ans nous avons bravé tous les dangers pour le service de ce grand homme. En restant volontairément à Sainte-Hélène, dans l'horrible situation dans laquelle nous sommes, et exposés aux plus étranges procédés, nous lui sacrifions plus que nos vies et celle de nos familles. Insensibles à vos menaces et à vos insinuations, nous continuerons de remplir notre devoir; et, s'il y avait quelque sujet de plainte contre nous devant votre gouvernement, nous ne doutons pas que le prince régent, lord Liverpool, et tant de personnes estimables qui le forment, sauraient comment les apprécier; elles connaissent le respect que l'on doit au sacré ministère que nous remplissons, et eussions-nous à appréhender des persécutions, nous nous retrancherions dans notre maxime de tous les temps: *Fais ce que dois, advienne que pourra.*

J'ai l'honneur d'être, etc.,

Signé comte BERTRAND. »

(13) « Dans les journées des 11, 12, 13, 14 et 16 août 1819, on a essayé, pour la première fois, de violer le pavillon qu'habite l'empereur Napoléon, qui avait été jusqu'à cette heure constamment respecté. Il a résisté à ces violences en fermant ses portes et serrures.

« *Dans cet état, il réitère la protestation qu'il a faite, et fait faire plusieurs fois, qu'on ne violera le droit de sa porte qu'en passant sur son cadavre.* Il a abandonné tout et vit concentré depuis trois ans dans l'intérieur de six petites chambres, pour se soustraire aux insultes et aux outrages. Si on a la lâcheté de lui envier ce refuge, on est donc résolu à ne lui en laisser d'autres qu'un tombeau. Attaqué depuis deux ans d'une *hépatite chronique*, maladie endémique dans ces climats, et, depuis plus d'un an, privé du secours de ses médecins, par l'enlèvement du docteur O'Méara, en juillet 1818, et du docteur Stokoe, en janvier 1819, il a éprouvé plusieurs crises, pendant lesquelles il a été obligé de garder le lit quinze ou vingt jours de suite. Aujourd'hui, au milieu d'une des crises les plus violentes qu'il ait éprouvées, alité depuis neuf jours, n'ayant à opposer à sa maladie que la patience, la diète, le bain, sa tranquillité depuis six jours est troublée par les menaces d'un attentat et d'outrages auxquels le prince régent, le lord Liverpool et tout l'univers savent qu'il ne se soumettra jamais. Comme la volonté de l'avilir et de l'insulter se manifeste tous les jours, il réitère la déclaration déjà faite, qu'il n'a pris et ne prendra aucune connaissance, n'a ordonné et n'ordonnera aucune réponse aux dépêches ou paquets quelconques dont le libelle lui serait injurieux et serait contraire aux formes établies depuis quatre ans pour correspondre avec lui par l'intermédiaire de ses officiers; qu'il a jeté ou jettera au feu ou par les fenêtres ces paquets insultans, ne voulant rien innover pour toutes ces choses à ce qui existe depuis quatre ans.

Signé Napoléon. »

Longwood, 16 août 1819.

(14) « Sir Hudson Lowe ayant échoué dans la demande qu'il avait faite à Londres de mon renvoi de

Sainte-Hélène, a eu recours à un expédient qui lui a réussi. Il m'a fait écrire aujourd'hui, par sir Thomas Reade, une lettre dans laquelle il m'a déclaré qu'il m'est défendu de sortir de Longwood, et cela sans me donner aucune raison d'une mesure d'après laquelle il paraissait que le gouverneur me soumettait à des restrictions plus arbitraires et plus vexatoires que celles qu'il avait imposées aux Français. Effectivement, en me confinant à Longwood, dans l'enceinte duquel il ne permettait à personne de pénétrer sans un laissez-passer, il me privait de la société des Anglais; tandis que, dans le même temps, il m'interdisait même avec les Français tous autres rapports que ceux relatifs à ma profession. Aussitôt que cette lettre m'a été remise, je me suis rendu aux Briars avec l'intention de soumettre l'affaire à l'amiral Plampin, qui m'a envoyé dire par son secrétaire qu'il ne voulait pas me voir. J'ai ensuite écrit à sir Hudson Lowe pour lui donner ma démission, et au comte Bertrand pour lui annoncer le parti que j'avais été obligé de prendre, et les motifs qui m'y avaient déterminé.

Napoléon m'a envoyé chercher pour me donner une audience avant mon départ, durant laquelle il n'a pas voulu recevoir aucun autre avis de moi sur sa santé, vu la position où je me trouvais placé par sir Hudson Lowe; et il m'a adressé la parole en ces termes : « Eh bien, docteur, vous allez nous quitter? Le monde concevra-t-il qu'on a eu la lâcheté d'attenter à mon médecin? Puisque vous êtes un simple lieutenant, soumis à tout l'arbitraire et à la discipline militaire, vous n'avez plus l'indépendance nécessaire pour que vos secours puissent m'être utiles; je vous remercie de vos soins. Quittez le plus tôt possible ce séjour de ténèbres et de crimes. Je mourrai sur ce grabat, rongé de maladie et sans secours; mais votre nation en sera déshonorée à jamais. » Puis il me dit adieu.

« Sir Hudson Lowe, voyant qu'il ne pouvait réussir dans le dessein qu'il avait formé d'établir un autre chirurgien auprès de Napoléon, qui était détermine à ne pas le recevoir, et les commissaires lui ayant fait entendre que si Napoléon venait à mourir pendant qu'il me tenait aux arrêts, sans me juger ou même sans porter aucune accusation contre moi, ou s'il mourait entre les mains d'un officier de santé qu'on l'eût forcé de recevoir, d'étranges conjectures auraient lieu en Angleterre et en Europe sur sa mort, dont ils seraient eux-mêmes hors d'état de rendre un compte satisfaisant, résolut de révoquer les défenses qu'il m'avait faites. Il m'a donc rendu la liberté, après m'avoir tenu vingt-sept jours aux arrêts, pendant lesquels j'ai été successivement assailli de la correspondance de tous les officiers de son état-major; souvent même, afin de me faire tomber dans le piége, on demandait que j'envoyasse, par un dragon qui attendait, des réponses à des lettres composées après plusieurs jours de réflexion, et qui n'étaient rien moins que le fruit de la sagesse réunie de sir Hudson Lowe et de son état-major. Cette correspondance ayant été rendue publique, je me dispenserai de la présenter ici au lecteur. »

O'Meara.

FIN.

TABLE DES MATIÈRES.

Lettre à M. Dubois, accoucheur de Sa Majesté Impériale et Royale l'Impératrice Marie-Louise. 1

— Au fils de Napoléon. 3

Avant-propos. 5

CHAPITRE I. L'Empereur est-il mort empoisonné? 9

CHAP. II. La maladie que l'on a indiquée comme cause de la mort de l'Empereur est-elle héréditaire dans sa famille? . . 25

CHAP. III. L'influence du climat a-t-elle suffi pour occasioner la mort de l'Empereur? 33

CHAP. IV. Les restrictions et le traitement ont-ils concourus à l'issue funeste de la mort de l'Empereur? 49

CHAP. V. Réflexions sur l'ouverture du corps de l'Empereur. . 129

Conclusion. 160

APPENDICE. — Note 1. 163

— Note 2. 164

— Note 3. 166

— Note 4. . . . . *ib.*

— Note 5. . . . . *ib.*

— Note 6. 169

— Note 7. 174

— Note 8. 179

— Note 9. 190

— Note 10. 191

— Note 11. 201

— Note 12. 211

— Note 13. 223

— Note 14. 224

FIN DE LA TABLE.

www.ingramcontent.com/pod-product-compliance
Ingram Content Group UK Ltd.
Pitfield, Milton Keynes, MK11 3LW, UK
UKHW012209240726
13966UKWH00002B/658